新闻传播与营销策划

郭璐瑶　著

中华工商联合出版社

图书在版编目（CIP）数据

新闻传播与营销策划 / 郭璐瑶著. —— 北京：中华
工商联合出版社，2022. 6（2024.2重印）
ISBN 978-7-5158-3464-1

Ⅰ. ①新… Ⅱ. ①郭… Ⅲ. ①新闻学－传播学－应用
－营销策划 Ⅳ. ①G210②F713. 50

中国版本图书馆 CIP 数据核字（2022）第 094123 号

新闻传播与营销策划

作　　者：	郭璐瑶
出品人：	李　梁
责任编辑：	李红霞
装帧设计：	程国川
责任审读：	付德华
责任印刷：	迈致红
出版发行：	中华工商联合出版社有限责任公司
印　　刷：	三河市同力彩印有限公司
版　　次：	2022 年 7 月第 1 版
印　　次：	2024 年 2 月第 2 次印刷
开　　本：	710mm×1000mm　1/16
字　　数：	196 千字
印　　张：	11
书　　号：	ISBN 978-7-5158-3464-1
定　　价：	68.00 元

服务热线：010-58301130-0（前台）
销售热线：010-58302977（网点部）
　　　　　010-58302166（门店部）
　　　　　010-58302837（馆配部、新媒体部）
　　　　　010-58302813（团购部）
地址邮编：北京市西城区西环广场 A 座
　　　　　19-20 层，100044
http：//www. chgslcbs. cn
投稿热线：010-58302907（总编室）
投稿邮箱：1621239583@qq. com

前言

　　当今中国社会变化太快、发展太快，新闻传播知识更新太快，随着信息技术的飞跃式发展，信息传播方式不断在创新。众所周知，新闻学历来是我们最为关注的学科。以互联网为基础的新兴媒体如网络媒体、手机媒体，以其互动性、及时性、开放性等特点向各个领域进行渗透，并在移动化进程中加速与社会的融合。一方面，互联网发展深刻影响到传统媒体行业的环境和格局，而媒体融合趋势的进一步深化，使各广播电台、电视台运用互联网思维整合资源、拓宽渠道、创新技术，凭借内容有适合媒介影响力实现融合突围，构建新型媒体平台；另一方面，新闻传播被重新定义，促使广播音频节目向个人化、移动化、云端化、社交化发展。

　　现阶段，信息技术得到了显著发展，网络社交平台的不断发展使得自媒体成为新媒体传播环境中的重要媒介。和传统媒体相比，自媒体的自由性和自主性更强，所以也可以高效、迅速地获取、传播和整合信息，对社会舆论有一定影响力。怎样在新媒体语境下，有效融合自媒体新闻传播和传统新闻传播，成为当下每一位传媒工作者应深入思考的课题。

　　本书目的是让读者能够全面系统地了解新闻传播，了解新技术支持下新闻是如何传播以及不同的新闻营销策划方法，理解数字媒体的相关概念、产品形式以及关键技术和应用领域等知识。书中就新闻媒体技术中的关键技术、特点以及全媒体营销等进行了较全面的论述。本书在编写过程中，参考并引用了国内外数字媒体研究的诸多成果。全书共分为十章，内容涉及新闻传播的概述、传播媒介、创新路径、数字媒体技术的基本形态、特点、市场分析、运营模式和基本技术原理等。本书旨在为开设数字媒体、数字媒体技术、数字出版、网络与新媒体、新闻媒体艺术、新闻传播、播音主持等专业参考用上，及从事数字媒体技术专业方向的技术人员参考。

　　本书内容涉及新闻传播的基本知识、发展和特点，较为系统地讲述了新闻传播策划的关键技术、产品形式、应用领域及发展分析以及数字媒体技术与应用，由于新闻媒体领域涉及的技术颇多，涉及范围广泛，加之作者研究力度与学识水平有限，因此本书在编写过程中难免会有疏漏之处，敬请各位同行及读者批评指正！

作　者

2021 年 12 月

目录

第一章 新闻与传播

第一节 新闻的基本概念

一、新闻概念溯源

（一）古代新闻用语考辨

"新闻"一词最早出现于《新唐书·隐逸》中记载唐初文人孙处玄说过的一句话："尝恨天下无书以广新闻。"但孙处玄所说的新闻是指记载当时社会发生的事件和传闻的文章而已。《全唐诗》中也多次出现过"新闻"一词。例如，唐人李咸用《春日喜逢乡人刘松》曰："旧业久抛耕钓侣，新闻多说战争劝。"在《冬夕喜友生至》中又云："天涯行欲遍，此夜故人情。乡国别来久，干戈还未平。灯残偏有焰，雪甚却无声。多少新闻见，应须语到明。"显然，这里的新闻主要指战乱期间人们口头谈论的消息和传闻，即广义原始状态的新闻。

古籍中的新闻还有一些其他的含义，比如传说故事、宫廷秘闻等。之所以称其为新闻主要是突出其"新奇"之意，如唐朝尉迟枢《南楚新闻》中的"新闻"都属于尉迟枢所收集到的传说和故事，而且多是以志怪形式出现，"新"即等于"奇"；宋朝赵升的《朝野类要》中也用过"新闻"一说："其有所谓内探、省探、衙探者，皆衷私小报率有泄露之禁，故隐而号之曰新闻。"此类"号而隐之"的新闻实际上也大多是宫廷以及官府内部的传闻①。

到了明清时代，在人们的口语中，尤其是读书人的口头中已经时常会用到新闻一词，如《红楼梦》里的人物对话就多处有新闻一说，这些新闻大多也是指人们口中流传的新鲜事或稀奇事。

（二）西方新闻概念溯源

据英国《牛津词典》记载，英语中最早使用新闻一词的是 1423 年苏格兰詹姆士一世的一句话："我把可喜的新闻带给你。"综上可知，新闻这一概念无论在

---

① 耿思嘉．高傲，程沛．新闻传播与广告创意［M］．长春：吉林人民出版社，2019.

中国还是在西方都有着一个长期的演变过程，而且最早所使用的新闻一词，与现在专业意义上的新闻有很大区别①。

二、新闻特征概述

（一）真实性

新闻最基本、最重要的功能就是传者在新闻现象和具体事件发生时，真实地向受者报告事件产生的原因、发生发展的经过及结果，确保整个过程的每个环节都必须符合客观事物的本来面貌。真实是新闻的生命，因此新闻必须以事实为根本。理论化的语言可表述为："新闻传播的信息主体，是一种客观信息。"② 陈述事实，是新闻传播最根本的特征。忠实地陈述事实，确保新闻的完全真实，就是在维护新闻的生命。

（二）及时性

及时性是新闻的第二生命，所谓"新闻谓'新'，不新不成新闻"。而"新"，首先指的就是"新近"之意，就是"刚刚发生（或正在进行）"之意，所以，新闻传播的及时性也就成为新闻对于事实传播的快速性特征。及时报道这个特点，是新闻区别于历史的又一个方面。新闻是新近发生的事实的迅速报道，而历史总得在事件经过一个相当长的阶段之后，才有研究者对之进行完整全面的考察与研究。

（三）新鲜性

新闻中所谓的"新"不仅指时间的新近，而且还指内容的新鲜。新近、新鲜、新意、新异以及新奇等都是个性"新"的"新"字中所共同具有的因素。童兵先生曾经阐述道："报道及时是新闻的运动态，具有新意是新闻的静止态。前者是后者得以实现的操作上的主要保证。出现了新意的事实没能发现，发现了有新意的事实没能抓住，完成了有新意事实的报道没能公开传播，都无法使新闻具有新意，这样的'新闻'严格说来也难于成为真正的新闻。迟缓是新闻传播的大敌。"③ 客观世界中的一切事物都处于不断运动、不断变化、不断地新老交替的发展变化之中，事物的运动伴随新事物的不断出现，这也正是新闻报道之树常青的根源所在。具体到每一件新闻报道来看，它们又是该事物运动到某一时空以及

---

① 宋宇，大数据时代新闻业态研究［M］．长春：吉林大学出版社，2018．

② 童兵．理论新闻传播学导论［M］．北京：中国人民大学出版社，2000．

③ 同②

某一状态的陈述，是该事物发展到最新层面的一个事实报道。由于生生不息的世界运动规律使然，这种状态很快得到改变，这一新层面很快被另一新层面所代替。

（四）敏感性

对于世界最新变化与变动的敏感性是新闻更为重要的特征。童兵先生从理论上深入揭示了新闻报道敏感性的理论根据，他说，从新闻报道的角度考察，一般事物的运动轨迹是常规变动即量的运动中，缺少足够的新意，此种时空状态下的事物可称之为"普通事实"；而当量变达到一定量的积累时会出现质的变化，质变出现时的事物往往具有明显的新意，此种时空状态下的事物，称为"新闻事实"。接着该事物又回复到一般量的变动之中，又成为"普通事实"。新闻所传播的是具有新意的事实，就是指当事物的变动由"普通事实"变化为"新闻事实"，而尚未回复至"普通事实"这一状态时，传者及时发现、尽快捕捉，在第一时间里迅速报道这一变化。人们将新闻传播的这种抓事物变动的具有新意的"一瞬间"时空态的特点称之为"报道及时"，即所谓的在第一时间内报道，这便是新闻最突出的敏感特征。

第二节　传播的基本常识

对于什么是传播这一概念，不同学者有不同的理解。本节在梳理当前国内外代表性传播定义的基础上，对传播的类型、构成等传播基本常识逐一详细介绍。

一、传播的含义

（一）共享说

共享说往往是从传播说起，而传播（communication）一词源于拉丁文"communicare"（使共同），传播被看作是传者与受者之间的信息分享活动，亚历山大·戈德的定义即是："传播"就是使原为一个人或数人所有的化为两个或更多人所共有的过程，威尔伯·施拉姆的定义更进一步："我们可以给传播下一个简单的定义，它即是对一组告知性符号采取同一意向。"

在实践中，作为"共享"的传播随处可见，比如同学们课间的闲聊、课堂上老师精彩的课程讲解等，但是共享说并不能概括一切传播现象。比如，甲传递信息，但乙拒绝接受；再比如，由于符号系统不同等原因，乙无法解读（破译）甲发出的信息；此外，还存在传受双方互相会错意的可能；等等。

（二）影响（劝服）说

影响（劝服）说是指从传者的视角出发，强调传播是传者对受者（通过说服）施加影响的行为。因此传播这一概念，包括了人与人之间相互影响的全部过程。

影响（劝服）说强调传播传递信息的目的性和影响性，把传者目的的实现和受者行为的改变看作是一切传播的基本特征，并据此检测传播活动进展情况。

（三）符号（信息）说

所谓信息主要包括三层含义：一是信息是事物的表征与表述，是一切消息、讯号、知识的总称；二是信息与物质、能量并列构成人类生存环境三大基本要素之一；三是信息是用以减少或消除事物不确定性的东西[①]。符号（信息）说着眼于信息的第一层含义，从传播的内容出发，强调传播是符号（信息）的流动。国内学者持这一观点的主要有：传播广义上指系统（本身及相互之间）传受信息的行为，狭义上指人（本身及相互之间）传受信息的行为。所谓传播即社会信息的传递或社会信息系统的运行，是信息在时间和空间的移动和变化。

（四）互动说

互动说强调了传者与受传者之间通过信息相互传播、相互影响的双向性和互动性。互动甚至在生物层次上也是一种传播。在互动的情境中，有讯息价值的所有活动都是传播。

（五）过程说

过程说强调了信息由传者经媒介流向受传者这一过程的完整性和连续性，它不仅要求传播要有始有终，而且要求传播的效果最终要能够显示出来。

大众传播是一个过程，在这个过程中，职业传者利用机械媒介广泛、迅速、连续不断地发出讯息，目的是使人数众多、成分复杂的受者分享传者要表达的含义，并试图以各种方式影响他们。

但如果传播缺乏基本要素或者传播中断、阻塞，传播过程就不能正常进行并发挥特有的功能。这是一个似乎成熟的定义，它既标明了信息传播的轨迹，也明确了传播研究的要素。

二、传播的类型

人内传播是指个人接受外部信息并在人体内部进行信息处理的活动。人的身

---

① 张国良. 传播学原理：第2版 [M]. 上海：复旦大学出版社，2009.

体具有一般信息传播系统的特点；人体既有信息接收装置（感官系统），又有信息传输装置（神经系统）；既有记忆和处理装置（人的大脑），又有输出装置（发声等表达器官及控制这些器官的肌肉神经）；人的身体既是一个独立的有机体，又与自然和社会外部环境保持着普遍联系。

人际传播是指两个人或者多个人之间面对面交谈、打电话、发邮件、微信或者QQ群聊等各种形式的交流活动。而人际传播学是以人与人之间交往的社会活动为主要研究对象，并有所侧重地吸收各门学科的新成果，系统地探讨人们如何通过相互间的交往建立和维护一定的人际关系，并着重研究人类社会交往在人际关系中所起作用的学科。人际传播学就是研究人际传播活动及其规律的科学①。

传播是根据各种相互依赖的关系网相结成的，为应付环境的不确定性而创造的交流信息的活动，主要包括两个方面：组织内传播与组织外传播。这两个方面都是组织生存和发展必不可少的保障。

大众传播是社会媒介面向社会大众通过文字、电视、广播、网络等大众传播媒介传递本身生产或者复制的信息的实践活动过程。

三、传播的功能

1. 传播功能的历史叙述

1948年，拉斯韦尔在《传播在社会中的结构与功能》一文中提出传播的三大功能：对环境进行监视，使社会各部分为适应环境而建立相互间的关系。1957年，莱特在《大众传播：功能的探讨》一文中补充了传播的舆论功能，进而提出了传播的四大功能：监视环境、舆论引导、传承文化、娱乐。施拉姆综合前人研究，概括了传播的四大功能，即大众传播是社会雷达，具有寻求、传递和接收信息的功能，用于监视社会环境；大众传播具有操纵、决定和管理功能，对受者进行引导、劝服、解释信息，并引导其做出决定；大众传播具有指导功能，也就是教育功能以及大众传播具有娱乐功能②。

2. 传播功能的当代含义

（1）守望与预警的功能，指持续不断地、及时地注意环境的变动。

（2）协调与商讨的功能，指聚合人们对环境采取一种有效的行动。

（3）传承与教化的功能，指知识和社会规范等精神遗产世代相传。

---

① 薛可，余明阳主编. 人际传播学概论［M］. 上海：复旦大学出版社，2021.
② 耿思嘉，高傲，程沛，新闻传播与广告创意［M］. 长春：吉林人民出版社，2019.

（4）娱乐与商业的功能，指娱乐、休闲以调节身心、保持活力。

第三节　新闻传播的价值与方向

新闻传播已经成为广大社会群众了解时事政策的最重要的途径，先前的新闻传播主要依赖于报刊、电视、广播等传统媒体。随着社会现代化和信息化水平的不断攀升，伴随着网络媒体和新媒体的出现，新闻传播的方式和途径也更加多样化。在互联网快速发展的时代背景下，新闻传播使广大受者更加了解世界。同时随着新闻传播渠道的多样化发展，新闻传播的方式也与受者之间的互动性和交流性更强，新闻传播的价值得到了进一步的突显，新闻传播无论是对于国家还是广大受者来说，都具有十分重要的价值和作用。

一、新闻传播的价值

（一）新闻传播的时效性价值

新闻传播，顾名思义，就是对最新的要闻和信息进行的传播，因此时效性可以说是新闻传播最为显著的一个特征，也正是基于此，新闻传播具有一定的时效性价值。这个时效性价值的意义主要可以从以下两个层面加以论述：一方面，时效性能够将最新的新闻信息传播给广大受者，从而影响广大受者的文化走向和价值观念；另一方面，时效性的价值还体现在可以帮助广大受者顺利地做出正确又科学的决策，使广大受者获得最前沿的新闻信息，这便是新闻传播的重要价值，同时也是新闻传播的重要使命。

（二）新闻传播的贴近性价值

在互联网高速发展的背景环境之下，以网络媒体为主要代表的新媒体的出现使得新闻传播的方式不断地扩大化和多样化。同时新媒体的发展也使得新闻传播的内容不断地扩展。广大受者获取新闻信息的途径增加，对于新闻的内容和质量的要求自然也就随之提升了。新闻传播一定要贴近广大受者的生活，贴近广大受者的关注点，这样的新闻才称得上是对广大受者有用的新闻，才会激发起受者听和看的欲望，同时才会对公众产生影响力。这就使得新闻传播的贴近价值得到了进一步的发挥和延展。

（三）新闻传播的互动性价值

新媒体以增强与受者的互动交流著称，当前，新闻传播也更加倡导"体验感"，更加注重新闻传播与受者之间的互动，让受者参与到新闻传播的过程中来，从而争取为不同的受者提供定制化的、个性化的新闻传播内容和传播途径。新闻传播互动性的价值主要体现在两个层面：一方面，通过互动让受者更加真实地体验到各种媒介所传播新闻的意义和价值；另一方面，通过互动让受者对新闻传播的内容和方式提出一些自己的观点和见解，这也是有利于新闻传播不断发展的一个重要方式。

二、新闻传播的未来发展方向探究

（一）新闻传播要加速与新媒体的融合

新闻传播在未来的发展过程中，要重视与以网络媒体为代表的新媒体传播方式之间的融合。将传统媒体的高资质与新媒体的全覆盖以及广阔资源有机地融合对接，从而进一步提升新闻传播的高效性。在"互联网＋"的背景环境之下，新闻传播应将传统的传播方式与新媒体的传播方式相结合来促进新闻传播的不断发展。

（二）新闻传播要依托信息技术加强与受者的交流

新闻传播可以通过两种途径来实现新闻传播节目与观众的互动，通过互动平台的搭建是加强交流的一个最有效的途径，互动平台是指传统媒体不依赖于其他媒介和途径而与观众进行的互动与交流模式。这种互动交流最典型的做法就是通过电话介入的方式进行交流，在新闻传播的过程中适时地安排一些电话的插入，这也是对新闻信息的解读。各种传播媒介也可以成立本身的官方网站、微博、论坛等，通过软件技术以及专业人员的维护来实现观众与新闻节目的实时在线交流和沟通。

（三）新闻传播要重视营销模式的创新

随着移动互联网时代的到来和网络消费环境的改变，中国网络零售业得到了快速的发展。当前，在网络媒体环境下，APP运营对于广大消费者而言已经不再陌生。因此，在新媒体的背景环境下，新闻传播也应该采取更加科学化的APP推广策略为自己赢得更多的潜在受者群体。回顾以前，广大受者接受新闻传播的信号主要是通过报刊、广播以及电视等传统媒体，而现在人们更倾向于利用网络媒体的方式来收听收看新闻传播的实时信息。新闻传播要想走进大众的视野，也需要种种营销方式的策划。目前，就连央视一套也推出了微博客户端，广大受者在收看新闻节目的同时，也能够进行微博的实时互动，这实际上就是新闻传播媒介自我认知与自我定位的一种发展和进步，也是通过信息的营销模式和推广模式提升本身品牌与传播能量的途径。此外，微信已经成为人们日常生活必备的沟通联系方式，在微信5.0时代，注重微信营销策略的发展是新闻传播行业营销手段创新的一个全新渠道。通过微信"摇一摇"来获取全新的新闻节目名录，通过微信公众号推送各种对受者实用的新闻信息，这也是任何一个新闻传播媒介在互联网时代应该采取的一个营销策略。

（四）新闻传播要注重与时代发展的紧密结合

最新的要闻出现在广大受者的视野中，对于广大受者了解现代社会具有重要的意义和价值。因此，注重与时代发展的紧密结合，传播最前沿的、最有意义的要闻就成为未来新闻传播发展的一个重要推广方式。首先，新闻传播要重点传播国内的最新消息，国内的一些新闻对于广大受者生活所产生的影响是极为深远的，也是不容忽视的；其次，新闻传播的内容要与国际社会接轨，随着全球一体化进程的加速，国外的一些发展经验、措施逐渐传入国内，那些有益的发展模式对于促进我国社会的整体发展是十分具有借鉴意义的，同时也是我国国民了解国外信息的一个窗口。

第四节　新闻传播的传者与受者

传者是传播流程的起始点，受者是传播流程的终点。把两者放在一起讨论便于从整体上理解和把握新闻传播主体间的关系。特别是进入自媒体时代以来，传受之间的界限越来越小，传者和受者之间的角色在不停地转换。

一、新闻传播的传者

新闻传播者不仅在整个新闻传播活动中处于主体的地位，而且在全部的新闻传播流程中起着主导作用，他们在社会结构中有着极为特殊的身份和角色。

（一）角色定位

新闻传播者的基本角色是新闻信息的传者和公众领域中的意识交流家，从其诞生之日起就以搜集受者和传者的各种信息的形象活跃于社会生活的各个领域，成为社会各个群体之间相互联系的纽带。具体而言，新闻传播者的角色特征体现在如下几个方面。

1. 新闻传播者是"信息流通的主动力"

作为整个传播行为和活动中的主动者，专业的新闻传播者是使社会信息的流动永不停息的主要推动力。原生态的信息如果没有人去发现、采集并转化为可流动的信息，它就不可能进入传播过程。一个社会只有充分保持信息的活跃，才能保证社会血脉的畅通，社会生命力也就自然会强盛。由于信息具有使用不灭的特性，所以信息的传播范围越广、传播力度越大，整个社会的总体信息就越丰富。新闻传播者充当了信息流通传播专业的角色，使得全社会的信息及时流通和传播。新闻传播者的"信息流通主动力"作用发挥得越好，社会历史的经济和文化的发展就一定越会繁荣昌盛。

2．新闻传播者是社会信息传播的主体"选择者"和"把关人"

按照新闻传播的基本规律，新闻信息的传播需要经过许多环节的新闻选择，而新闻传播者不仅是新闻信息的传递者，而且又首先是新闻信息流量和流向的控制者与引导者。他们在新闻传播的各个环节担当着"选择者"和"把关人"的角色。所谓把关，是指传者需要对信息进行筛选和过滤，而这种筛选和过滤的行为就叫把关（守门）。也就是说，在任何传播活动中都必然要受到一些个人或集团的控制，传播学家们将这一论点发展成为传播学中的把关人理论。一般认为把关人在对信息处理的过程中主要有以下三方面的作用：删除某些信息；增强某些信息的重要性；降低某些信息的重要性。新闻传播者作为新闻传播活动中最主要的"把关人"，对新闻的把关就肩负了一种巨大的责任，他们对于信息的选择和把关会直接对整个社会和广大公众的利益带来影响。因此，新闻传播者的信息选择和把关人角色关系重大。

3．新闻传播者是"意识交流的桥梁"

新闻传播者作为社会信息的传递者，从社会结构的纵向来看，可联系上与下；而从横向上来看，则可沟通左与右。在新闻传播活动所传递的信息中，既包括上对下的精神，也包括下对上的意愿。政府或集团通过传者而向下向外发布一些方针、计划，使传者发挥"喉舌"的作用。在功能健全的条件下，新闻传播者就成了社会上下意识沟通和交流的纽带。尤其是在这样的一种关系中，新闻传播者还具有"监督权力的镜鉴"的职能和角色。因为，新闻传播者通过大量的社会决策与社会现实的公开报道，使所有事件和行为与个人品质处于较高的透明度中，以便全社会对其实施评议和监督。至于对左右的沟通方面，由于人们社会身份、经济地位、文化水平等方面的不同，往往对于各种事物的认识和观念有着很大的不同。新闻传播就需及时提供交流的机会和渠道，使得社会上不同的见解得到沟通，尤其还要进行积极正确的价值观的舆论引导，使得一些公众意见尽可能地达到统一。

总之，新闻传播者的基本角色定位就是新闻信息的传者和公众领域中的意识交流家；而新闻传播者的社会行为与社会各个领域有着各种各样的联系，因而其基本角色也向着派生角色延伸。

(二) 素质要求

作为一个新闻传播者的整体素质，可以用下面的一个公式来表示：

$$新闻传播者的整体素质＝长×宽×高。$$

其中，长＝业务专长；宽＝知识面；高＝思想境界。

那么这三个方面的构成又包括哪些具体内容呢？

1. 超常新闻敏感

所谓超常新闻敏感，是指新闻传播者在现实生活中能够迅速而敏捷地捕捉和判别各种事物变动的信息，并及时衡量信息中所含有新闻价值大小的能力。新闻敏感既是对重大新闻事件的快速反应能力，也是对处于萌芽状态下的新闻素材的洞察能力，通常需在长期的新闻实践中积累和训练而成，是新闻传播者总体业务水平的集中、综合表现。

对于新闻传播活动来说，新闻传播者最需要具备的素质就是新闻敏感。因为新闻面对的事实永远是绝对真实的事实，而新闻的事实又必须首先有"新"的基本属性。传者能够及时抓住新闻事实的"新"的特征，"敏感"是不可或缺的条件，所以新闻敏感在新闻传播中就同艺术灵感在艺术创造中一样，是传者最重要的主体品格。

新闻敏感者对于事物的新闻价值的判断，类似条件反射，完全形成了一种职业化的习惯反应。归根结底，新闻敏感的核心是一种鉴别能力。依靠这样的一种能力，记者可以迅速判断哪些事实是有新闻价值的，哪些是可以进入新闻选题的。

2. 较强的沟通能力

新闻传播者要快速、广泛地发现并采集新闻，当然就必须同社会各个阶层的成员打交道，只有建立广泛的社会联系，与社会生活的各个方面随时保持密切和畅通的连接，才能及时抓住社会运行发展的新动向，发现新事物。

作为一个优秀的新闻人，其最良好的素质就是可以和广大人民群众打成一片，可以和任何人沟通，通过及时有效的沟通得到有用的信息。

3. 出色的表达能力

新闻传播者活动方式的最后落脚点就是新闻作品的制作与报道。在现代高科技的条件下，新闻作品制作主要有文字语言和视像以及声音广播等形式，所以驾驭现代采编工具的能力也是最常规的要求。随着传播技术的不断进步，现代社会的新闻传播者必须及时适应新的传播技术和手段，除了必须具备的文字表达能力以外，目前普遍应用的录音、摄像、照相、网络直播等技术与技巧，都要熟练地掌握。写作技巧和图像表达能力都是新闻传播者向社会传播新闻事实和信息的基本手段，是沟通传者与受者唯一的桥梁。因而新闻的编码表达能力是决定新闻传播者素质的一个最基本的方面。

4. 专业的信息筛选能力

随着网络技术的普及和新媒体平台的大量应用，传统新闻传播者不再以采访作为获得新闻信息的唯一手段，借助微博、微信等信息平台也可以获得海量信息。新闻传播者应对这些信息具备新闻专业的筛选能力和判断力：一方面是因为专业的新闻传播者凭借其专业的眼光和素养，在纷繁复杂的海量信息中可以提取出具有价值的信息，让受者可以在最短时间内获取有价值的信息，从而实现新闻行业本身的经济价值[1]；另一方面是因为面对新媒体时代的来临，新闻传播者的范围逐渐扩大，不再局限于专业的新闻从业人员，一些新闻接受者通过新媒体平台也在扮演着新闻传播者的角色，而新闻传播者有责任、有义务对新闻信息进行甄别和筛选，保证新闻信息的真实性和客观性。

（三）角色权利

角色权利专指新闻传播者完成本职工作必须具备的职业权利。童兵教授归纳为如下几个方面。

1. 知情权

知情权，又称知晓权、了解权，是所有公民（特别是新闻从业者）的基本权利。在民主社会，公民有权依法知晓一切与其利益或兴趣相关的社会性活动的信息，而公民的知情权在很大程度上有赖于新闻传播者的公开报道才能得以实现，因而新闻传播者也就具有了该职业所特有的来访权和报道权。这就是指新闻传播者的职业行为——收集、核实信息以及传递信息的活动不受阻碍。

2. 监督批评权

依据宪法，公民享有监督与批评的权利。新闻传播者的监督批评权则专指传者以事实为依据，以法律法规和社会道德规范为准绳，利用新闻传播媒介对社会事件进行公开报道，以实施监督与批评的权利。实际上，这是新闻消息权、公开传播权、控告权和言论出版权在经济文化活动和整个社会生活领域的具体运用。独立、负责地开展舆论监督与新闻批评，是新闻传播者的重要权利之一。

---

① 陈莹. 媒介融合背景下传统新闻媒体转型研究 [M]. 长春：吉林科学技术出版社，2020.

3. 人身安全权

由于新闻传播者常常活跃在社会的各个领域，所以必须对新闻传播者提供特殊的人身安全保护权。为此，国际交流问题研究委员会倡议为新闻传播者提供特殊保护。联合国教科文组织通过的关于大众传播工具的 1978 年宣言规定，必须保证从事大众传播事业的新闻人员和其他人员在本国或国外都能得到保护，保证他们有进行本职工作的最好条件。

二、新闻传播的受者

本节主要以传播学理论为依据来考察和研究新闻传播的受者问题。

（一）受者含义

受者是新闻信息流程的接收端，是媒介产品的消费者，也是对信息、讯息、媒介以及传者的最终检验者与评判者。受者是新闻传播活动中又一个活跃的因素，是新闻信息传受过程中积极主动的参与者，是不可忽略的反馈信源。

受者是新闻信息传播流程中的终端，是新闻媒介及其承载信息的消费者，又是对于新闻媒介、新闻信息和新闻传播者本身的检验人。受者是新闻传播系统中一个复杂的子系统，他们是新闻信息的受传者，又是反馈信息的发布者。如果他们把自己所接受的信息进行加工制作之后再次转传于他人，他们则成了下一级传播（通过人际传播或大众传播）的起始者。

总之，不论是传者还是受者都是新闻传播活动中积极能动的行为主体。

（二）受者特征

1. 受者范围覆盖面广

就受者范围来说，理论上凡具有社会交往能力的人都属于新闻传播受者的范围，但实际中并不是所有人都是事实上的受者。一般来说，受者有着现实受者与潜在受者之分。坚持接触和利用新闻媒介的人是新闻传播媒介的现实受者；具备健全的阅读能力而尚未接触全部或部分新闻传播媒介的人属于潜在受者。新闻事业的目标就是要尽量把这些潜在受者最大限度地转变成现实的受者。此外，应该注意的是，受者对媒体的需求是多种多样和不断变化的，新闻传播者也必须注意受者这方面的特征，尤其是他们对现有媒体更高水平的要求。

2. 受者内部差异巨大

处在不同经济地位的人，在思想观念和信息需求上有着很大差别。人们的社会地位的差异，甚至生活区域、民族环境和地理环境的差异，对于人的文化素养和文化层次的影响也是十分直接的。如果从整个新闻业所共同面对的所有现实以及潜在的受者范围来看，他们在文化成分的组成上是十分复杂的。由于受者的文化素养和层次的不同，也就决定着人的文化观念和生活习俗的不同，因而其对于新闻信息的需求也就必然有着明显的不同。根据这样的特征，新闻传播媒体的读者定位是十分重要的，而同时媒体对于潜在受者群体的发掘也是必不可少的，这就特别需要研究受者的文化构成。

3. 对新闻选择性接受

人们在自己的日常生活中，总是希望能够不断地听到和看到一些新鲜的事物或者得到一些新鲜的信息。这样的心理期待有些是出于对自己切身利益的关心，也有一些则只是出于好奇之心。一般来说，受者在接触信息时，会注意那些与自己原有观念、态度和价值观相吻合的信息，或自己需要与关心的信息。这种依据自己的需求和态度对新闻媒介、新闻信息的取舍，称为受者的选择性接触。了解受者的特征后，可以通过更新传播内容、扩大信息容量、优化传播手段等办法来强化新闻信息的刺激力，引起受者的集中注意，改变受者的固有观念。

（三）受者中心

长期以来，传者一直居于中心地位，随着新媒体的兴起，受者的地位日益上升，新闻传播从"传者中心"开始过渡到"受者中心"，正确认识受者中心论的观点，采取必要措施进行有效改善，是当今新闻媒介需要特别注意的问题。

新闻传播工作者在实际工作中应该对此有高度的注意，而且要有清醒的意识及有效的措施。首先，尽量满足受者的合理要求，这需要努力寻求主流舆论引导和一部分受者需求之间的最佳结合点，担当起应有的社会责任。其次，维护百姓的利益，此类新闻内容的路子应该灵活、宽阔。再次，"受者中心论"的转变，这是新闻工作者在观念上的彻底更新。作为新闻工作者，首先应在自己头脑中把受者放在中心的位置，所谓"受者中心"也就首先表现在传者心中有受者。这样，我们才能真正使新闻扎根于群众之中，从而真正保持永远旺盛的媒介生命力。

（四）受者观念

1. 作为社会成员的受者观

受者群体背景或社会背景影响他们对事物的态度及采取的行动，这种影响有时候甚至会超过报刊、广播、电视等大众媒体的影响。

2. 作为市场或消费者的受者观

随着大众传媒产业的发展壮大，把受者看作消费者或大众传媒市场的观点逐渐被社会所接受。20世纪80年代起，人们通常把受者看作是一个没有内部差别的"大众"市场，传媒的任务就是提供能够满足普遍需求的信息产品和服务。随着大众传媒数量的不断增多，满足普遍需求的大众市场已经饱和，需要对受者重新进行细分，开拓"小众"市场成为媒体新的关注重点。

3．作为权利主体的受者观

受者作为社会成员，享有参与公共事务和社会管理等诸多正当权利，主要包括以下几个方面。

（1）传播权。受者有权将自己的观点、思想、认识等通过言论、著述等活动表现出来，并通过一切合法手段和渠道加以传播。

（2）知晓权。狭义上是指受者对一切公共权力结构的活动拥有知情或知察的权利；广义上是指受者有获得本身所处环境及其变化信息的权利。

（3）接近权。受者有利用传播媒介阐述主张、发表言论及开展各种社会和文化活动的权利，同时也承担相应的责任。

（五）受者理论

1．个人差异论

个人差异论认为大众传播内容在受者之间产生不同效果是由于受者个人兴趣、信仰态度、价值观等因素造成的。该理论最大的贡献在于关注到了选择性注意与理解。这就提醒传者要关注受者的经验、态度、立场等，只有尊重受者才能取得很好的传播效果。

2．社会分化论

社会分化论突出人的群体性特征，认为人受到所在群体的很大影响，社会对人的影响也是通过群体这个中介实现的。

3．文化规范论

文化规范论认为如果大众传媒经常报道或强调某些事物、观念等，就会在受者群中形成这些事物或观念是社会文化规范的印象，进而促使受者模仿，产生一定的间接影响。

4．社会参与论

社会参与论认为受者不是被动的信息接受者，而是大众传播的参与者，传者应该尊重受者，顾及受者参与的愿望与权利。

（六）受者与信息

1．选择性接触

受者在接触大众媒体时通常倾向于接触与自己观点、立场、态度等一致或接近的传播内容，回避那些与自己既有倾向差异较大的内容。

2．选择性理解

选择性理解是指具有不同心理特征、文化倾向的受者会以不同的方式解读同样的媒介内容，使之与自己固有的认识协调，而不是冲突。

3．选择性记忆

选择性记忆是指人们根据各自需要在媒介信息中挑选出对自己有用、有价值的信息，然后储存在记忆里。

三、传者与受者的互动关系及角色转换

新闻传播的整个活动过程是由传者和受者共同决定和完成的，缺少任何一方的新闻传播活动都将不复存在。在某种意义上传者与受者才是一对主体对应物，新闻信息只是建立两者的联系与沟通的无形渠道和连通物。

两者相互依存又相互制约，存在着复杂的互动关系。在传播学理论中，施拉姆等提出的经典模式就是将传播视为两个部分，编码、解码、传送和接收信号的互动，这种互动模式强调了反馈和共享信息的连续"循环"。显然，大众媒介的传播不是从信源到信宿的单向过程，而是一个循环互动的过程，信宿作为信息的接收者并不是传播的"终结点"，而是反馈的"起点"。从信宿到信源的反馈可以帮助传者对后续的传播进行修正，从而使传播在互动的过程中形成一种良性循环。

（一）传者与受者传播关系重构

受者是新闻传播活动中起着决定性作用的主体。从理论上讲，"受者中心论"则充分突出受者在传播中的主导地位，更加强调了新闻传播活动围绕受者而展开，一切服务于受者的基本理念。虽然传者对新闻传播的内容拥有控制权，但受者对内容也具有选择性；虽然舆论具有导向性，但受者对舆论也具有自主性；虽然传者对受者能产生影响，但受者通过反馈对传播内容也有着制约，不仅可以影响传播效果，也可以左右传播行为。在新闻传播的实践活动中，以受者为中心主要体现在：

（1）报道题材从民生新闻入手，将新闻策划融入人们喜闻乐见的报道形式中，以得到最佳的收视效果；同时，新闻传播者注重受者的反馈，注重倾听老百姓的声音。

（2）报道角度选择平民视角。在新闻传播中，报道者尽量要把自己和受者放在平等的地位，而受者一般都有一种"求近心理"，只有尊重受者，从受者角度

去想问题，才能获得受者的尊重和亲近。

（3）报道方式多样化兼有创新，以新的立意、新的角度宣传报道，给受者耳目一新的感觉。例如《东方时空》就是以其多种报道的方式实现了新闻贴近性，满足了受者的收看心理。

（4）报道原则定位在满足受者需要，说出受者想说的话，维护受者应有的权益上。

（5）报道的最终目的是要实现与受者的正面接受，以此增强宣传效果，提升收视率的目的。一个好的新闻节目，只有真正地融入受者的生活当中去，真正地走入受者心里，才能保证自己的消息来源，保持长久而鲜活的生命力。

（6）报道的语言应尽量通俗化。

（二）传者与受者互动角色与功能

1. 作为服务大众有效途径的互动

互动作为一种理念，它的基本出发点应该是"人"。正如前文所说，最大限度地彰显"以人为本"的传播理念是传者与受者互动的初衷，而这种互动首先是通过为大众服务体现出来的。服务性的互动通常是通过媒体提供各类服务性节目，如提供咨询、解答知识、交流经验，为受者释疑解惑、解决实际困难而实现的。早在1979年8月，中央电视台推出《为您服务》栏目，主要是介绍电视节目和回答观众来信。电视台介绍将要播出的电视节目，说明传者主动和观众拉近距离，让观众先睹为快，提前看到内容，这从一定程度上意味着一种权利的获取和地位的改善，而同时公开回答观众来信也是对大众参与的肯定。信件交流这种方式是一种传统的带有私密性质的互动行为，当它在媒体上公开时，等于是在鼓励大众的参与意识。作为新闻传播者，媒体为人民服务是义不容辞的责任和义务。可以说，媒体互动是从服务开始的，在服务的过程中互动双方开始调整自己的位置，而传者也越来越重视反馈的通道。

2. 作为议程设置辅助手段的互动

议程设置理论认为，大众媒介加大对某些问题的报道量，或突出报道某些问题能影响受者对这些问题重要性的认知。

例如：某报纸在创刊之前，对于版面内容的设置，开展了"有奖征集办报金点子"大型问卷调查。通过市场反馈的信息，进行综合分析，报纸创刊后，仍坚持每半年公开向读者征求意见一次，征求读者对版面、专栏的认可程度，作为设置报道内容的前提①。这种互动，使广大读者真正感到他们不仅是报纸的读者，也是办报的参与者。

在互动过程中，报社对读者感兴趣、关注度高的内容进行强化处理，在报道中予以体现，版面配合同时跟进，需求度足够的话可以出版相关专版、专刊，通过紧跟读者的需求来实现传播目的。

3. 作为提供大众交流平台的互动

大众传播机构应担负沟通公共消息与意见的责任，要成为意见与批评的论坛。无论是处于哪个阶层，人们的利益都需要得到尊重，他们的话语权都应该得到保障。不同的阶层、不同的利益群体之间，也需要利益的磨合以及思想观点的交流。媒体，作为最佳的公众话语平台，作为思想观点的交流市场，理应提供这种最广泛的话语交流的空间，成为整合各阶层观点的最佳场所。这对于社会克服不稳定因素，保护公众利益，建构和谐社会，都具有非常重要的意义。媒体在纷繁复杂的社会结构面前必须尽到建构公众交流平台的责任。报纸的言论版、网络论坛等互动平台都是公众交流的"市场"，这种交流要有受者与受者之间、受者与编辑之间观点的碰撞，要体现客观与公正性。以《中国青年报》的"青年话题"版面为例。一个农民一封几百字的来信，也能刊登，专家学者几千字的分析文章，也能刊登。"青年话题"版面的特点是："话题的内容无疑是'热'的，多是围绕社会生活中刚刚发生的，颇受读者关注的事件、人物指点评说。话题文章不浅不深也不俗，易为读者阅读和接受，不知不觉中就会让读者喜欢上并逐渐培养出一种'我也想说'的兴趣。因此，广大读者的支持与参与是话题类栏目板块'火爆'的根本所在。它们的兴起，正是'读者办报'一个具体的体现，也是与广大读者参与社会生活、发表意见看法的意识分不开的。"

传者与受者的互动应该对弱势群体的话语权给予更多的关照，应当予以关心、支持、自助、增权。所谓增权，即"应当尊重和保障弱势群体的经济和社会权利，特别是要加强民主制度建设，保障弱势群体的参与权利，尤其是保障其参与与其有关的各项决策的权利，使其能够表达和维护本身的权益。"

在新媒体不断涌现并不断与传统媒体融合的背景下，传者与受者互动的途径与形式定将越来越丰富。形式是前提，但互动在传播过程中所扮演的角色与功能的实现最终取决于互动的内容。"互动意识是基于对受者知情权、话语权的尊重

---

① 田建平. 当代报纸副刊及其媒介转型 [M]. 北京：中国传媒大学出版社，2019.

建立起来的，心理空间的互动含量比外在手段重要得多。"面对滚滚而来的世界性互动节目浪潮，BBC互动性节目制作部主管埃玛·萨默维尔（Emma Somerville）指出："我们必须谨慎考虑，应该以互动性增强哪些节目；这不是一个多多益善的问题，而是适当地选择节目，能以互动性使其价值最大化的问题。"①媒体仍需坚持本身所负有的社会责任，传播的内容与实质以及对受着权利的关照是互动最终的目的。

---

① 郭庆光. 传播学教程 ［M］. 北京：中国人民大学出版社，1999.

第二章 新闻传播的正义性

第一节 新闻传播的正义性的内涵及价值

一、新闻正义之"正义"内涵

"新闻正义"即报道的新近发生的事实内容具有正义性。而"新闻传播的正义性"是指传播者通过泛化的媒介在对新近发生的事实进行广泛散布的过程中,其行为的选择具有正义性。

责任与义务是新闻传播的社会属性的必然体现。从某种层面上来说,也就是作为新闻正义研究的正义。社会的经济水平以及科技文化是在一代代传承的基础上提高与创新的,这是建立在社会个体的经济观念和科学文化素养水平较高的基础之上。新闻传播在社会个体成员全面发展和提升的进程中扮演着至关重要的角色。新闻传播承载着向读者传递经济思想、科学思想、先进文化知识以及伦理道德价值取向的使命,使广大读者能够清楚地认识到身处的社会、经济、科技、文化、制度环境,熟谙社会的风俗习惯和社会伦理道德风尚,并以此来指导调适自己的行为活动,促进社会的发展。新闻传播的义务和责任属性决定了它的这一角色功能。

新闻传播是人类重要的互动交流方式之一,必然要受到社会伦理道德范畴的制约,因为在新闻传播的过程中发生了人与人之间的社会关系。所以,大众传播学研究的对象与其说是新闻传播,毋宁说就是个体与个体之间的关系以及个体与社会集团组织等实体之间的关系,旨在研究个体与个体、个体与实体间是如何相互作用;个体之间互相告知、彼此受教、相互娱乐。道德作为社会最基本的行为规范,对人们的行为方式进行约束。它是依靠社会舆论、大众内心信念以及社会习俗来维持的行为规范系统。正义则是道德规范系统中的重要范畴之一,是社会舆论等社会公共行为所必须遵循的基本原则,新闻传播行为必须符合正义原则。

二、新闻正义的伦理价值

新闻传播是新近发生事实的信息的传递活动,从深层次讲,新闻传播是人类社会生活方式中存在的生命活动之一，受到社会正义等道德规范的影响和制约。与此同时，社会正义在新闻传播活动中得到宣传和弘扬，新闻传播有助于正义的传播。两者彼此影响、彼此依存。首先，新闻正义是社会大众所需求的正能量。随着我国市场经济体制改革步伐的加快，新闻媒体行业很好地与市场经济体制相适应，步入了产业化的轨道。由"媒介产业化"到"新闻传播产业化"的转型升级之路基本成功，传统新闻传播的特征是指从事单纯的文化精神生产的事业单位，现在转型为自负盈亏、自主经营的企业，行业属性和经营模式发生了转变，是事业单位性质下的企业市场经营模式。

正义的需求是人类众多需求之中最重要的、根本性的、更高层级的需求之一，正义的需求是人类其他需求得以满足的保障。在此意义上，具有正义的新闻传播，方能最有效地发挥宣传正能量的功能，实现媒体的社会价值，保障人们不断增长的物质精神文化需求的满足。正义性是新闻传播自身发展的需要。新闻媒体是社会庞大系统体系中的一个子系统，与其他子系统之间发生利益关系，彼此之间利益关系的有效处理是必然要求。新闻传播在社会具有相对独立的角色，本质上应是一个正义性的主体，道德义务与伦理责任是其属性。

在新闻传播行业内，独立媒体人也是一个活跃的群体，如独立记者、独立编辑、独立制片人、独立导播等，这部分群体的存在，与传统媒体之间是既合作又竞争的关系，可以在一定程度上对新闻出版行业起到激励作用。在这一过程中，正义的指导性原则是不可或缺的，公开、公正、公平的竞争合作环境是彼此发展的前提和新闻传播健康跨越发展的保障。

新闻传播是正义性发展的动力。美国的传播学家梅尔文·德弗勒在《大众传播理论》（1966 年出版）中详细阐述了"文化规范论"[①]：新闻传播的讯息构建传递了一种正义的道德力量，此种力量对社会大众的意识和行为有重大影响。新闻传播的正义性发展的影响，需要在生活中通过日积月累缓慢地渗透到社会大众的思想中，从而潜移默化地体现在大众的日常行为活动中。

新闻传播对正义的影响方式可以概括为：一是新兴网络通讯技术的广泛应用影响了正义。互联网、手机移动媒体等新技术平台媒介的迅猛发展对人们的人生观、世界观、价值观的存在和变化具有很强的冲击力，在伦理道德和价值观念领域产生了新的正义话题，如网络媒体正义性问题、手机媒体正义性问题等。二是

---

① （美）梅尔文·德弗勒，（美）桑德拉·鲍尔—洛基奇. 大众传播学诸论［M］. 北京：新华出版社，1990.

正义需要新闻传播的媒介形式。正义需要借助于新闻媒体这一载体来获得广泛弘扬，从而进入公众的视野，为社会大众所认知、熟知和接受，从而转化为科学的社会舆论和价值观念。三是新闻正义需要以经济、文化等意识形态为其合法性基础。

从理论到实践，正义的社会伦理道德原则是新闻传播行为所应当遵循的基本原则，受社会伦理道德的约束，体现社会正义。而在新闻传播过程中，伦理道德传播活动的作用方式主要体现在如下几个方面：

第一，传播者为了让传播新闻的信息达到某种特定的社会效应，常常需要以受众群体的道德观念和伦理修养为出发点，让伦理道德观念成为新闻传播的助推器。例如，某电视台在制作电视节目的时候，以社会所普遍倡导的"孝道"这一传统美德为切入点，以"孝行天下"的主旨来吸引观众的关注度，从而起到提升收视率和迅速传播的效应。新闻传播者在制作新闻和实施传播的过程中，都将对新闻本身和传播效果提前做出了预判，从而为新闻传播行为的后续做了一定的预期。

第二，读者的道德观念和伦理修养会影响传播行为。人是主观性的动物，都有不同的思维方式。新闻讯息在不同的读者意识中会得出不同的认识，"一千个读者，就有一千个哈姆雷特"，正所谓"仁者见仁，智者见智"，在这一过程中，广大读者的道德观念和伦理修养起到了重要的作用。

第三，新闻传播是在具体的社会伦理道德环境和话语系统内发生的，必然受到具体的伦理道德规范、职业素养、科学文化水平和社会生活经验常识等的影响。

概言之，在新闻传播的过程中，存在传播者与读者之间以媒体为中介，进行着伦理道德观念的交互和碰撞，在交互碰撞之间达到新闻传播的效果和目的。这一交互的过程，使得双方在新闻传播的过程中拥有了伦理道德观的互动与交流。

第二节 实现新闻传播正义性的途径

一、外部新闻传播正义程序优化

（一）健全新闻法律制度

亚里士多德的"守法正义"指明了：正义必须合乎法律。法律代表公共意志的最高权威，人人都需自觉遵守，尤其在监督权力上，法律是原则性的规范力量。

必须制定健全的新闻法律，明确地规定新闻传播中的权利义务关系，以此来约束新闻传播的实践活动。随着我国经济、文化体制改革的全面深入，我国的立法部门需要将部分新闻职业伦理规范上升到法律层面，并出台符合我国新闻传播实际的法律，以指导新闻从业者按照正义原则来进行传播活动。"必须强化对新闻事业的领导和管理，必须使社会各个层面的人员和新闻事业本身依法办事，按新闻规律办事。"[1] 新闻法律的补充完善不仅是体制改革现实的需要，也是我国新闻行业向前发展的必然。制定健全的相关的新闻法律体系之后，在新闻法律的实施过程中，也必须按照公正的司法程序处理新闻传播活动中的违法事件，维护相关人的合法权利。公正透明的司法程序是处理新闻传播利益纠纷、维护新闻行业稳定运行的制度保障。综上，我们只有完善新闻活动的相关法律，并依据司法程序贯彻实施这些法律，才能不断健全新闻法律制度，从而伸张正义。

（二）增强外部监督力量

除了以"硬约束"的法律制度监督新闻权力，我们还可以借鉴西方独立于政府与媒体行业的新闻伦理评议会制度，以协调新闻行业之间、新闻行业与新闻受众的利益矛盾。政府主管部门要不断健全新闻传播的监管制度和责任体系，通过外部监督保障新闻行业对公共利益的落实，优化新闻行业发展的社会环境。

二、内部新闻行业正义法规的完善

（一）健全新闻行业内部自律制度

新闻行业自律制度主要为新闻从业者从事新闻工作提供职业伦理规范，以达到自我监督和约束的目的。马克思曾言："道德的基础在于人类精神能够自律"。在自律制度的建设上，政府主管部门可以依照一定程序，召集新闻行业工作者、研究新闻活动的专家学者、有较强公信力的知名公众等，新闻活动相关利益代表人员定期协商会谈，共同参与利益公平博弈，从而建立起具有最广泛认同感的新闻行业自律制度。因而，新闻行业内部自律制度必须制定具有指导性、可操作性的规范细则，可建立具有奖惩权力的内部仲裁机构。另外，优化新闻行业组织的机构配置，设置分级分类"关卡管理"，以不同方式处理新闻行业内部不同层次的伦理问题，监督新闻行业内部自律规范的实施。

---

[1] 顾理平. 新闻法学 [M]. 北京：中国广播电视出版社，1995.

（二）建立以公共利益为导向的把关制度

美国传播学的奠基人库尔特·卢因提出，在群体之间相互传播信息，存在着一个具有决定意义的把关人，他会把与群众相适应的规范或自身的价值标准作为进入传播渠道的信息，其他的一些信息将不会进入这种传播渠道。传播学者怀特也提出了把关人的理论，认为把关人应当取舍信息，并决定哪些信息能够传播给群众。因此，我们需要建立真正以公共利益为导向的把关制度，在更大范围内影响新闻行业的传播实践，具体可通过以下几点建立把关制度：对新闻传播主体尤其是负责接收新闻爆料的从业人员的资质进行审查；强化新闻传播内容的审核；由政府公共财政支持新闻行业将一定量的新闻资源如报纸版面、电视时段等用于服务公共利益，或向新闻行业派驻专门人员以"把关"部分新闻报道，这有利于公民的公共信息知情权得到实现和保障。新闻产品的商业与伦理属性决定了新闻从业者需要在"义利关系"中权衡，但新闻行业的最终根本利益是建立在社会大众的真正需求上的，因此，以公共利益为导向的"把关人"制度是谋求新闻行业健康持久发展的优良选择。

三、新闻从业者职业德性的塑造

在所有关于新闻传播的研究中，各种规范和要求最终都是落到了新闻传播从业者的身上，新闻传播正义性的实现也就落到了新闻从业者的身上。对新闻传播活动正义性的实现有着实质性意义。

（一）树立社会责任感

由麦金太尔的美德伦理可知，如果新闻从业者能将公共利益牢记于心，以公共利益作为新闻传播实践的伦理准则，并通过历史的复归和生活完整叙事的体认，便可培养真正的正义品质和德性品质。新闻从业者作为公众的眼睛，应该有着强烈的社会责任感，秉着维护社会公平正义的责任心关注社会公共利益，挖掘事实真相，进行客观真实的新闻报道，正确引导公众，努力践行为社会责任而报道。

（二）树立内心的正义感

按照罗尔斯的正义理论，新闻从业者必须严格按照新闻行业的正义程序进行新闻报道。具体而言，新闻从业者应以正当方法获取新闻素材，并对新闻真实性负全部责任；应坚持"机会均等"的报道，并注意报道用语准确；严格执行熟人回避制度，公正报道新闻，并妥善处理利益纠纷，做到内心正义，正义报道。

（三）不断提高自我监督能力

《论语·学而》中曾记载了曾子的言论："吾日三省吾身：为人谋而不忠乎？与朋友交而不信乎？传不习乎？"此外，朱熹曾说过这样一段话："君子慎其独，非特显明之处是如此，虽至微至隐，人所不知之地，亦常慎之。小处如此，大处亦如此，明显处如此，隐微处亦如此。表里内外，粗精隐显，无不慎之，方谓之'诚其意'，方谓之慎独。"[①] 可见，无论在公众面前还是独处时，学会慎独，对于提高个人品德修养是多么的重要。新闻从业者应做到慎独，树立责任意识，不断提高自我监督能力，养成内省的习惯，使其言行一致并符合社会道德规范。时刻谨记职业道德规范，不断提高个人品质。在进行新闻报道时，做到谨言慎行，报道内容真实、客观、公正、合法。最后，新闻从业者要提高辨别能力，尽己之力为媒体界的正义廉洁做出应有的贡献。

---

① 出自朱熹《礼记·中庸》

第三章　新闻传播媒介

第一节　媒介的发展

一、媒介含义

媒介一词，曾见于《旧唐书·张行成传》："观古今用人，必因媒介。"在这里，媒介是指使双方发生关系的人或事物。其中，媒字，在先秦时期是指媒人，后引申为事物发生的诱因[①]。《诗·卫风·氓》："匪我愆期，子无良媒。"《文中子·魏相》："见誉而喜者，佞之媒也。"而介字，则一直是指居于两者之间的中介体或工具。在英语中，媒介"media"是"medium"的复数形式，它大约出现于 19 世纪末 20 世纪初，其义是指使事物之间发生关系的介质或工具。这种广义的媒介，不仅在人类的日常生活中时有所闻（如，蚊虫是传播疾病的媒介、绣球是传递爱情的媒介），就是在传播学著作中也屡见不鲜。在麦克卢汉的笔下，媒介即万物，万物皆媒介，而所有媒介都可以与人本身发生某种联系，如：石斧是手的延伸、车轮是脚的延伸、书籍是眼的延伸、广播是耳的延伸、衣服是皮肤的延伸等。[②]

传播媒介大致有两种含义：第一，它指信息传递的载体、工具或技术手段；第二，它指从事信息的采集、加工制作和传播的社会组织，即传媒机构。这两种含义指示的对象和领域是不同的，本章的媒介是指传播的工具或技术手段。

二、媒介演进

从媒介发展的角度看，人类传播的历程大致可分为五个阶段，即口头语言时代、文字书写时代、印刷媒体时代、大众传播时代和网络传播时代。有学者将网络传播称为人类传播的第五次重大革命。而人类传播的第五次革命，又主要表现在传播媒介的发展上，因而可以说是媒介发展代表了人类文明的进步程度和社会

---

① 苏克军. 传播学概论［M］. 长春：吉林人民出版社，2017.
② 郝雨. 新闻传播学概论［M］. 上海：上海交通大学出版社，2017.

历史的先进程度。

（一）口语传播时代

在人类还没有完全与动物彻底分离的时期，那时的传播媒介只能是靠本身的动作，或者叫作"体语"，这种原始状态的传播是由古人类的生理局限导致的。古人类学家对早期类人动物头盖骨、舌长及软骨组织结构的研究显示，这一时代的人类不具备"说话"的基本生理条件。也就是说，他们虽然已会发声，但不会"说话"。而在笔者看来，能够"发声"的生理能力，却也恰恰源于那时的"人"已经有了传播和交流的欲望，只是距离可以准确表达意思的"说话"能力，还路途遥遥。

随着古人类各种生理机能的不断进化，传播与交流的欲望和需求也在不断发展，最终为语言的诞生奠定了基础。语言不但成了人类与动物的最早分界，而且使得人类有了最早的交际与传播的工具。施拉姆指出："语言的产生，标志着人类已经'学会把声音和它们所指的对象分离'，拥有了'可以随处可带和用来在一切地方都指同一样东西的声音符号，而无须指着对象或站在对象旁边'，从而摆脱了亲身传播时代人的信息传播对'具体对象'的依赖，极大地拓宽了传播范围，丰富了传播内容。这就是人类的第一次传播革命。"①

（二）文字传播时代

在第二次传播革命中，人类发明了文字。口头语言传播给人类传播带来了许多方便，但是口头传播的传受双方必须同时在场，而且口头语言传播又有"转瞬即逝"的特点。随着人们之间交往活动范围的日益扩大，为了形成更加复杂的社会组织，也为了传承知识和经验，人类又在传播的媒介形式上进行了更大规模的创造。于是，各大古代文明先后发明了文字。这使人类在"学会把声音和它们所指的对象分离"，即发明了语言之后，"又学会了把声音同发出声音的人也分离开"。于是，媒介的功能产生了更大的延伸。文字是记录和传达人类语言的书写符号，是使得更多的人可以在更大范围和更长时间内进行交流和传播的新工具、新媒介。它的产生是人类进入文明社会的重要标志。

（三）印刷媒体时代

第三次传播革命就是印刷术的发明。用印刷手段传播信息，克服了书写传播用手工书写难于大规模复制信息的局限性。印刷术给整个人类社会的发展带来了

---

① （美）威尔伯·施拉姆，（美）威廉·波. 传播学概论 第2版［M］. 北京：中国人民大学出版社，2010.

巨大的影响。利用印刷术，人们可以大量地、高效率地获取信息，一本书可以精确地复制，成批生产，文化因此得到了更为广泛地传播。印刷术的产生和流传还打破了少数人对知识的垄断，加速了新思想、新观念在更大范围内进行有效的传播，进而在西方首先引发了文艺复兴，并导致了工业革命。而随着印刷技术的发展，报纸等新闻出版物很快就在全世界普及开来。

按照美国社会学家查尔斯·库利在《社会组织》[①]（1909）一书中的观点，报纸、书籍和杂志作为新的大众媒介，它不仅消除了人们相互隔绝的障碍，影响到社区相互作用的方式，而且引起了社会的组织和功能的重大变化，甚至永久地改变了那些使用者的精神面貌和心理结构。因为，"个人通过与更大范围的、更多样化的生活发生关系而头脑开拓，而且这种生活给他带来了大量的不断变化的启发，使他保持兴奋，有时甚至兴奋过度"。总之，印刷术所带来的传播革命，使人类社会在各个方面都发生了前所未有的深刻变化。

（四）大众传播时代

电讯技术的发明，引发了第四次传播革命，也使人类社会开始真正进入了大众传播时代。大众传播时代的到来首先是由于大众化报纸的出现。由于工业革命带来的造纸、印刷、交通等领域的一系列巨大变革，极大地降低了报纸的生产成本，提高了报纸发行的数量和速度，为报纸的大众化奠定了物质基础。从二十世纪三四十年代起，美国、英国、法国等相继进入大众化报纸时代。之后，又出现了广播和电视这两类大众传播媒介。广播的产生，标志着电子媒介时代的来临。

在人类的第四次传播革命中，以广播和电视为主体的电讯传播，不仅彻底突破了时间和空间的界限，使信息传播瞬间万里，而且摆脱了印刷传播中必不可少的物质载体（书、报、刊）和运输工具等方面的束缚，为信息传播开辟了一条更加便捷、高效的空中通道。同时，电讯传播也不像印刷传播那样是将人推向信息，而是将信息推向人。接收印刷媒介中的信息，最起码的条件是识字，而接收电讯媒介中的信息，只要懂得口头语言就可以。因此，罗杰斯指出，电讯传播是"在没有识字需要的情况下，为人类提供了超越识字障碍、跳入大众传播的一个方法"[②]。大众传播时代的到来，从根本上改变了人类的信息传播方式，并进而深刻地影响了整个人类社会的发展进程。

---

① （美）查尔斯·霍顿·库利. 社会组织（英文版）[M]. 北京：中国传媒大学出版社，2013.

② 胡正荣主编，周亨副主编. 传播学概论 [M]. 北京：高等教育出版社，2017.

（五）网络时代

网络传播的出现被称作第五次传播革命。网络传播也被称为互动传播，它是以电脑等数字信息处理终端为主体，以多媒体为辅助的，能提供以交谈方式来处理包括捕捉、操作、编辑、存贮交换、放映、打印等多种功能的信息传播活动。由于网络传播是把各种数据、文字、图示、动画、音频、图像以及视频信息组合在电脑上，并以此互动，所以一般以 1946 年埃克特等人研制成功的世界第一台通用电脑主机埃尼阿克的诞生年，作为第五次传播革命的纪元。美国于 1969 年实现电脑对接，又于 1980 年结成互联网络，1994 年各发达国家纷纷提出"信息高速公路计划"，中国亦及时跟进。随着电脑更新换代越来越快，体积越来越小，造价越来越低，而功能却得到了全方位的拓展，操作也日趋简易化、人性化。而随着移动互联网的迅速普及，网络传播正在经历更具革命性的变革。在这一次的传播革命中，电脑已不再是唯一的互联网接入终端，以手机为代表的各类移动设备成了引领传播革命的先锋。而这些数字信息处理终端加上各种软件和多媒体的广泛应用，无疑已经成为人们综合处理人际传播、组织传播、大众传播的主要媒介。人类已经进入信息社会，并将进入一个综合传播的新时代[①]。

第二节　新闻传播的传统媒介

一、报纸期刊

实际上，在报刊历史发展的一个很长时期，报纸和期刊并无太大区别。我国清末的《京报》，号称"报"，其实是十几页或数十页装订成册，严格来说仍是期刊。有教授认为，报纸是从期刊发展而来，而期刊又是从书籍分化出来的。印刷术的发明并在全世界推广之后，最早出现的便是书籍，从手抄著述发展到印刷书册。经过若干年，人们才开始以连续出版的形式印刷期刊。

据专家研究，期刊即杂志，而杂志一词源于阿拉伯文的"仓库"或"军用品供应库"。1731 年，英人爱德华·克伏出版了一种期刊，译成中文可以叫做《绅士知识供应库》，供给绅士们各种艺文、科学和新闻资料。以后，类似的期刊就逐渐风靡于世界各地。中文对期刊最早的译文是"统记传"，意即本书无所不记，借此广为传播。如最早的一本中文近代期刊——《察世俗每月统计传》，是 1815

---

① 司占军，贾兆阳主编. 数字媒体技术［M］. 北京：中国轻工业出版社，2020.

年由伦敦布道会传教士罗伯特·马礼逊和威廉·米怜在马六甲创办的。实际上，我国曾长期用"报"而不用"期刊"称呼杂志。如梁启超主编的《时务报》、章炳麟主编的《经世报》，都是典型的期刊。而最早以报刊、杂志等名称呼的，要属《东方杂志》，由商务印书馆于1904年创刊。可见，我国报与期刊的明确区分，要追溯到20世纪初[①]。

报纸与期刊作为现代新闻传播事业中共同以文字作为传播符号的印刷媒介，有着不少共同的功能，但两者又各有不同的特征。报纸之所以从杂志分离出来，独立出一种全新的新闻媒介形式，主要是因为随着社会生活节奏的加快，新闻手段与生产能力不断演进。具体来说，报纸和期刊的不同在于：从出版周期来看，报纸的周期短，期刊的周期长。一般的报纸都是每日出版，甚至一日数刊，周期最长的是周刊或旬刊。而期刊中的周刊是最短的，一般为月刊或双月刊，其次则有季刊甚至年刊。这样，报纸与期刊的出版速度也就大不一样。报纸要求非常迅速，期刊则相对较慢。一张日报，从写作到出版，一般不到24小时；一本期刊，则要经过很长时间的编辑、印刷以及最后装订等。

从所提供新闻量来看，报纸由于刊期短出版快，提供的新闻远比期刊要多得多。所以，报纸一般会在新闻的数量和反映的快速上下工夫，而期刊则必须在内容上把好质量关，在新闻的深度和文化与思想的内涵方面发挥优势。

报纸与期刊的不同，最主要的还是各自承担的传播任务、发挥的传播职能不同。也就是说，主要的区别在于各自刊载的内容侧重点不同。用马克思和恩格斯的话来说就是："报纸最大的好处，就是它每日都能干预运动，能够成为运动的喉舌，能够反映出当前的整个局势，能够使人民和人民的日刊发生不断的、生动活泼的联系。至于杂志，当然就没有这些好处。不过杂志也有杂志的优点，它能够更广泛地研究各种事件。杂志则可以详细地、科学地研究作为整个政治运动的基础的经济关系。"我国也有学者曾经提出，报纸以报告新闻为主，而期刊以刊载评论为主。随着新闻事业和社会生产力的发展，报纸和期刊的形式及种类越来越丰富，分工也越来越精细了。

二、广播、电视

广播和电视是电子时代的新闻媒介，是科技革命的产物，与报纸和期刊相比出现的时间要晚许多。广播是通过无线电波或导线传送声音的新闻媒介，电视是

---

① 耿思嘉．高傲，程沛．新闻传播与广告创意，[M]．长春：吉林人民出版社，2019．

运用电子技术传送声音、图像的一种新闻传媒。

就两者的特征而言，与传统的印刷媒体相比较，它们都有着以下几点强大优势：第一，对象广泛，不同年龄、不同地域、不同文化层次的人群，都可以自由地收听收看。第二，传播迅速，世界上每有重要事件发生，一瞬间就可通过电波传送到每一个区域和角落，完全不受时间与空间距离的局限。第三，功能多样，既可以传播新闻，又可以传授知识，提供娱乐和多种服务。第四，感染力强，尤其是电视媒介，更可以使得受者"身临其境"，比报刊上的文字更显得有生命感。而电视媒介的视听兼备，集形、声、色、动于一体，综合绘画、音乐、文学甚至雕塑等多种艺术的优长，表现力更强，节目内容更加丰富，又比广播在与受者的亲和力方面大大前进了一步。

三、新闻媒介及其个性特征

新闻媒介是以传播新闻为主要任务的媒介载体。就近现代以来的新闻媒介而言，报刊、广播、电视三大新闻媒介，一直呈三足鼎立之势，在形式上相辅相成，在新闻传播的历史长河中扮演着极其重要的角色，时至今日仍然具有非常大的社会影响力。

新闻媒介区别于其他媒介的个性特征主要表现在四个方面：一是以新闻报道的迅速、及时见长；二是以新闻报道的真实、客观、公正取胜；三是以发表具有独到见解的评论为世人瞩目；四是以编排新颖活泼、独创性的作品吸引大众关注[①]。

第三节　新闻传播的电子媒介

一、电子媒介的演进

（一）广播的发展

美国第一个有营业执照的商业广播电台产生于 1920 年，也是世界公认的第一个正式广播电台，以新闻节目的播出为主，对于美国总统候选人竞选的播报，使其名声大振。之后，法国和苏联也分别于 1921 年和 1922 年建立了自己的广播电台。随着电台的日益增多，为了协调国际间的电波使用秩序，1925 年国际广

---

① 司占军，贾兆阳主编. 数字媒体技术［M］. 北京：中国轻工业出版社，2020.

播联盟在日内瓦成立。1927 年 10 月，国际广播联盟在华盛顿召开世界广播大会，决定把全世界的广播地域分成 15 个波长带，制定了频率分配表，使各国电台广播不至于相互干扰。广播出现后迅速在世界各国普遍发展起来，不仅使广播电台的数量快速增加，节目类型也日渐多样，内容不断丰富①。

（二）电视的诞生

电视是通过无线电波或导线传输声音和图像的大众传播媒介，电视的产生与发展同样得益于电子技术的进步。随着时代的发展，电视从内容到形式都进行了变革，无线传输技术使得人们可以跨越时空看到从遥远的地方传来的图像，三维动画技术使电视画面更加丰富和生动，数字化的设备使电视图像更加清晰，可以说，电视媒介发展的每一步都离不开科技的探索与演变。自 1945 年以后，电视技术获得了突飞猛进的发展。经过科学家们的努力，人们相继突破了光学、色变学和信息传输理论等一系列难题，制造出彩色摄影管和彩色显像管。1951 年，美国哥伦比亚广播公司（CBS）、美国广播公司（ABC）分别试播了彩色电视节目，美国因此成为世界上第一个播出彩色电视节目的国家。随后，世界各国都进行了自己的电视技术研究，并出现了包括 NTSC、PAL、SECAM 在内的三种制式，我国电视采用的是 PAL 制。

二、电子媒介的特征

（一）广播

广播通过无线电传播声音，属于电子媒介的一种，与其他媒介相比，广播媒介有以下一些特点。

1. 广播的便利

一般说来，纸质媒介的传播受到发行范围的限制，电视的分布需要信号传输的支持，而广播虽然是电子媒介的一种，却可以不受其他附加条件的限制，实现超远距离的信号接收，特别是短波频段。有学者指出，相对于卫星电视和网络广播，短波是不受网络封锁和有源中继转发约束的传播手段，而调频和地面电视的发送方式则需要对象国政府的配合，内容需要经过审查。简单地说，一旦对象国发生战争或灾害等突发事件或发生重大的全球性危机，现代化的国际性大众传播工具有可能被封锁、破坏、屏蔽、切断，或因过载而瘫痪，这时短波国际广播就变成了万无一失的传播工具，可以将信息传达给国外听众。

---

① 张举玺. 实用新闻理论教程［M］. 郑州：河南大学出版社，2012.

　　除此之外，对于那些卫星电视信号难以覆盖、纸质媒介发行难以到达的偏远山区，广播也可以实现信息的传播，因此在我国，对农广播在很长一段时间内，都是必需存在的。

　　2. 广播的现场感

　　与纸质媒介相比，广播不需要复杂的后期写稿过程，在新闻现场即可以传递声音，实现现场播报。与电视相比，广播没有复杂的拍摄与后期制作过程，即使都是现场直播，广播的信息传输仍然要比电视简单很多。

　　技术上的特点使得广播在遇到重大突发事件时，能够第一时间反映事件的真相。

　　3. 广播的渗透性

　　广播是声音的媒介，相较于文字传播，声音几乎没有壁垒，只要听力健全就能听懂广播，可以说，广播是最没有门槛的媒介之一。有资料显示，我国曾经以拥有 5 亿台收音机、广播人口覆盖率超过 90% 的惊人数据位居世界广播大国的行列。有广泛的收听对象意味着广播具备良好的舆论引导能力，广播的强大渗透力也使其具有宣传工具的特征，这一点，在战时尤为显著。

　　4. 广播的声音感染力

　　广播是声音的媒介，但在实际操作过程中，音响与音乐也是广播中不可缺少的元素。因为没有视觉画面，广播诉诸听觉的"唯一性"能够给听众以想象的空间，使得听众在收听时会对各种人物和场景进行建构。例如人们听见记者的声音伴随着炮火的轰鸣声，便会去想象这是从战场传来的新闻。再比如，夜间档的热线类节目，主播温柔的声音配合舒缓的音乐，会让听众对话筒那端的亲切形象产生想象。这种想象是有悬念的、有期待的，因此也是趣味所在，这种独特的感染力也正是广播的魅力所在。

　　5. 广播的伴随性

　　广播在传播的过程中只需调动人们的听觉器官，所以人们在听广播的同时还可以从事其他活动，比较典型的是城市交通广播和音乐广播，收听对象主要是驾车的司机。广播可以让旅途不再单调，即使堵车也不会难以忍受。此外，一些老年人也习惯在晨练的时候收听广播，接收信息。这种伴随性的特征是广播特有的，既能提高人们的时间利用率，又能在不知不觉中让信息被听众接受，实现其传播效果。同时，因为广播制作技术的特点，可以实现较强的互动性，听众可以直接打电话与播音员进行交流，就某个问题发表自己的观点，这也是对于电子媒介的强势传者地位的一个突破。

6. 广播的线性传播

这是电子媒介共有的问题，对于传统媒体来说，广播是线性传播的。目前的解决办法是寻求网络的帮助，将线性打散，节目分条上传，可以满足听众的选择性收听。

7. 广播的深度

纸质媒介可以将复杂的抽象问题转化为文字，文字具有的属性能够表达深度的含义，与电视相比，广播没有图像，很多问题的直观性呈现也必须依靠语言，在内容的深度和简明方面还有待提高。因此，想要解决这个问题，就需要播音员有极高的语言技巧。

8. 广播的终端

在当今这个时代，人们接受信息的工具大多是互联网和手机，电视作为家庭收视的重要媒介，也在传播中占据一席之地，而很少有人会为了听广播而专门购买收音机，广播的发展越来越依靠车载这样的伴随性装置。想要解决这个问题，关键在于思路的转变，比如与新媒体合作发展网络广播，或者与智能手机终端合作开发手机接收广播信号，这些都是现今广播发展的新途径。我们对声音的记忆与文字的记忆似乎是有很大的不同，因此广播的内容呈现方式仿佛是围绕记忆而展开的，声音的互动优于文字和画面的互动，这就是为什么电台热线如此重要。比起其他媒介，广播更适合把复杂的东西简单化。

（二）电视

1. 电视的形态

电视区别于其他媒介最主要的特点是它不仅诉诸听觉，还诉诸视觉。这种特点使得电视特别适合报道现场感强、有视觉冲击力的新闻，在一般重大事件的现场直播中，电视总是扮演着最重要的角色。

2. 电视的传播

电视以电波为载体来传输视频信号和音频信号，传播速度很快，几乎能够实现实时直播，同步反映新闻事件的发展。近几年，直播已经成为电视新闻发展的常规态势，从基本的重大事件直播，如香港回归、北京奥运会开幕式，到灾难事件的突发应急直播，再到策划性强的大型直播特别节目，如东非野生动物大迁徙直播、亚马孙河大直播。直播的形态在变，理念在变，只有对于现场的即时呈现没有改变。

3. 电视的功能

电视能够展现形态、声音、色彩的各种美，综合了绘画、雕刻、建筑、音乐、诗歌舞蹈、戏剧、电影的各种表现形式，节目内容丰富，涉及人们日常生活的方方面面，就我国的电视节目而言，主要有新闻类、咨询服务类、娱乐类、艺术类等，并且有丰富的形态供用户选择。

4. 电视的受者

电视媒介的受传者极其广泛，不同年龄层次、不同文化程度、不同职业、不同民族的人都可以收看并从中获取信息，在不同的新闻媒介受者中，电视的普及率最高，电视观众的数量也是最多的。同时，电视是视听结合的媒体，对于不同的题材可以有不同的表现手法，既可以表现深奥的内容，如深度访谈、专家解读这类偏向于语言文字的处理方式，又可以表现通俗的内容，采取简单的声音配画面的处理方式。

第四节　新媒体时代下各种媒介的运用

一、互联网

互联网是一种把众多计算机网络联系在一起的国际性网络，它是计算机技术、信息技术与通信技术融合的产物。互联网是当代世界上规模最大的超远距离信息传送网络，被人们视为自报刊发明以来的一项无与伦比的创举，是信息生产、传播及交换领域的一场革命。

1. 传播快捷

与纸质媒介和电子媒介相比，互联网内容制作简单，经后台编辑处理之后，可以随时上传，尤其是在自媒体时代，每个人都能成为内容发布者，这样一来省去了制作和审核的时间。并且互联网是一个全天候的媒介，不像报纸有发行周期，广播电视有节目时段的要求。只要有突发事件，互联网就可以随时通过小弹窗、头条更新等方式第一时间进行关注。

2. 海量信息

在如今这个信息迅速传播的时代，互联网带给我们的是海量的信息，而海量的内涵不仅是信息的数量多，更多的是信息的无边界化。在互联网上，几乎能找到我们想要了解的任何事情。同时，运用数字化的处理手段，互联网上的任何一条信息从技术角度上来说都可以永远存在。此外，类似于"百度知道""维基百科"这样的科普性网站，也可以进行交互式的问答，也就是说，在互联网上，每个网民的智慧是可以被交叉运用的，这又给了海量的互联网信息以新的增长点，使互联网具有了资料库的功能。

3. 全球性和跨文化性

通过网络，我们可以浏览、搜索、分享各种信息，其中很大一部分信息实现了跨国交流。我们能够在视频网站上看到美国的电视剧，能在购物网站上购买欧洲的商品，能在专业论坛上与各国专家共同讨论国际上最新的研究成果，这都是网络全球化带来的便利。不过，需要注意的是，正是因为互联网具有全球性的属性，我们在互联网上进行信息交互时，必须要注意尊重他国的文化，构建和平的网络环境。

4. 交互性强

传统媒体的传播方式基本上是单向的，即使和受者之间存在沟通，也不太容易实现即时性和双向性。网络则具有很强的交互性，电子邮件、论坛和博客都能很便捷地反映受者的意见，并实现与传者的沟通。如今，即时性的交互软件在更大范围内得到了使用，从微博到微信，传者与受者的地位开始变得微妙，这一秒你是传者，下一秒你就可能去接受他人的信息，成为受者。

5. 形式多样

纸质媒介是视觉媒介，电子媒介实现了声音和图像的融合，而到了网络媒介，信息表现变得更加丰富多彩，打开网页，一条新闻可以有文字描述、有图片记录、有现场视频、有解说声音，甚至可以配合动画等多媒体手段进行展现，人们对于信息传播的表现形式变得极其丰富，传播效果也比以往的任何一种媒介都要好。

比如：博客可以说是最个人化的内容表达方式，而博客被微博快速替代的事实证明，内容长短对传者和读者都有影响，在网络世界更是如此。博客似乎是首次在网络的内部社会建立了一个独特的内容通道，它在一定程度上实现了和网络的某种分离，它影响的好像是一批分离开的独立阅读群体。每一种媒介都会有它独特的内容呈现模式，微博也不例外。微博的内容呈现和速度有关，也和内容短小分不开，它好像更适合做内容的发动机。

6. 网民也是传者

网络是没有门槛的，每个人都有发布信息的权利和能力，在互联网的世界里，即时报道的记者身份被弱化，信息的发布方式越来越广泛，最后通过滚雪球的方式形成巨大的影响力，这种现象宣告着自媒体时代的到来。

微信和微博最大的区别在于"精准"两个字。微博是当微博主发出一条信息，粉丝就可以通过自己的主页看到博主发出的内容，但是现在一般人都关注了大量的博主，在海量信息之中，对于某一条内容的接受是随机的；而微信则不同，微信公众平台账号发出一条群发消息，所有关注的人都会收到这条消息，点对点的性质更强。

此外，在微信上，用户需要互加好友，以对等关系进行对话；而微博普通用户之间并不需要互加好友，双方的关系并非对等，而是多向度错落、一对多进行。微信是私密空间内的闭环交流，微博是开放的扩散传播。一个向内，一个向外；一个私密，一个公开；一个注重交流，一个注重传播。

二、手机

互联网技术革新的同时，现代通信技术尤其是移动通信技术也得到了飞速的发展。在手机日益普及的今天，其功能越来越全面，也越来越强大，智能化是现代手机演进的方向。手机已经从一个单纯的通信工具变成了集便携通话、娱乐功能、传播媒介为一体的新型信息化终端，并在与互联网结合的过程中表现出了前所未有的优势。有学者认为，手机可以被看作继报刊、广播、电视、互联网之后的第五媒介，其具有以下几个方面的优势。

1. 时效性强

手机的传播非常迅速，受者接受新闻不再受到时间与空间的束缚。不仅是借助手机短信，很多大众媒体还借助于手机 APP 软件来发布即时信息，比较常用的是微博和微信的订阅推送，这是在发行周期之外进行补充传播的手段之一。

2. 便携灵活

手机与电脑相比，优点是便携小巧，与受者的关联度高，无论是在公共交通工具上，还是在排队等候的闲散时间，手机几乎成了人们利用率最高的现代化通信工具。有一句笑话说"真正的朋友，就是在一起的时候不看手机"，可见手机在人们的生活之中扮演着多么重要的角色。在这种情况下，以手机作为媒介进行信息传播，不仅传播接收率非常高，而且传播的效果也非常好。

3. 个性化传播

手机媒介具有极强的个人属性，因为这是我们日常生活中利用率最高的现代化通信工具难免会带有个人色彩。从信息传播的角度来看，主要表现为选择性的关注与选择性的订阅。比如对体育感兴趣的人，可以通过手机客户端关注体育媒体，或者订阅体育新闻；而对经济感兴趣的人，亦可以订阅经济类的新闻。在手机时代，每个人接收的信息都是不同的，因此细分化的市场为媒介提供了更大的发展空间。

4. 互动传播

通过手机进行的传播，往往包含了大众传播、群体传播与人际传播。在大众传播阶段，传者与受者之间可以通过手机实现良好的互动，如在媒体的官方微博上留言；在群体传播阶段，依靠网络或手机联系起来的群体本身就需要互动维系，如群发短信讨论事情或利用手机客户端在 QQ 群、微信群进行信息的互动；在人际传播阶段，手机的互动性更加明显，无论是通话还是发送短信，其实质都是人与人之间的互动沟通，而这三种传播方式的结合，更能提升信息源的影响力。

三、不断扩展的媒介

媒介研究大师麦克卢汉认为，"媒介是人体的延伸"[①]，媒介可以是万物，万物皆媒介，所有媒介均可以同人体器官发生某种联系。在融媒体时代，媒介定义的外延必然会更为广泛，"媒介就是渠道"，所有能将传受双方互联互通，并承载信息、意义与文化的介质都可以看作媒介。

融媒体时代的创新，首先是理念上的创新，比如对于"媒介"的理解，随着新生事物不断的加入，其外延将更加广泛。

---

① （加拿大）麦克卢汉. 理解媒介——论人的延伸 [M]. 北京：商务印书馆，2000.

第四章　新闻创新的路径研究

第一节　新闻创新研究的议题与路径

一、新闻创新研究

如何应对数字化对新闻业的挑战已经成为一个世界性的难题，中国新闻业也在寻求更好的解决方法。一方面，传统媒体需要进行转型与融合的尝试，除了着眼于自身的数字化转型外，还创建了大量新的基于互联网的平台，如澎湃新闻、界面新闻、上海观察、封面新闻等新闻客户端；另一方面，互联网科技公司也纷纷进军到新闻业，类似于今日头条这样能够提供新闻信息服务的新型创业公司开始涌现，并在新闻生态系统中占据重要的位置，况且门户网站仍然占据信息生产传播的关键节点。变革、转型、融合、创新等问题不仅是新闻业界和学界关心的问题，甚至还进入了中央和地方政府的政治议程。有学者认为，将这些与新闻业的变迁、转型、改革等有关的现象统称为新闻创新，把"创新"作为理解新闻业变迁的透镜，有助于深化人们对相关问题的研究和认识。

在欧美新闻学界，新闻创新正在成为新闻研究领域一个日渐兴旺的分支，日益繁多的新闻创新现象催生了新闻创新研究的兴起。在此之前，媒介管理和媒介经济学者已经开始了对媒介创新的研究，在不少讨论媒介创新的文章中，新闻业发生的创新现象也被包括在内。媒介创新研究的出现与媒介市场正在面临的根本性变化有关，各种与数字化和互联网有关的创新及融合过程不仅影响着媒介组织的商业模式，也改变着媒介生产、分发和消费的形式。这些变化促使媒介经济学者寻找合适的理论来揭示媒体行业发生的这些变化，于是创新研究得以成为媒介管理和媒介经济学最为关键的研究领域之一。媒介创新包括了出版、音乐、电影、电视等各个领域的创新，新闻创新作为一个分支也被包含在其中。近年来，由于新闻创新现象的大量涌现，许多新闻研究者开始关注这一话题并生产出诸多成果，在研究的议题、视角和路径等方面都与传统的媒介创新研究形成对比，成为新媒体研究范式转移中的一个重要研究趋势，学者们广泛借用了行动者网络、新制度主义、创新扩散、破坏式创新等理论对西方社会新闻传播领域的创新现象进行了研究，通常是聚焦于某项特定的新闻创新现象，揭示其创新的原因、动力、过程和障碍等问题。

比较而言，我国的新闻创新研究还处在起步阶段。虽然媒体行业也出现了不少的创新现象，但相关的学术研究还处于发展阶段。目前，西方国家的新闻创新实践的研究有可能为我们提供借鉴，从新闻创新的视角考察中国新闻行业的变化，具有两个方面的意义。

第一，从研究的角度来说，有助于拓展现有研究的广度和深度。新闻业的数字化转型本身就是一个创新的过程，它是传统的新闻生产模式如何与新兴的技术特性相结合的创新过程。新闻创新是一种多元创新，它不仅包括新闻生产最前端的产品和方法的创新，而且涉及组织作为主体的结构创新、行政创新、市场创新，以及在变迁环境下进行工作的个体行动者的工作方法创新、行动者的工作关系和实践社区进行重构的复杂过程。采用有关创新的相关理论来探讨这一过程，可以为理解我国新闻业的数字化转型提供更深入的洞察，比如理解和探讨创新将如何在新闻领域发生、会遭遇哪些阻力、受到哪些因素的影响等，深化对这些问题的认识，对于理解新闻业的变迁来说至关重要。

第二，从实践的角度来说，有助于倡导行业内的创新风气。传统媒体必须更主动地进行组织变迁和媒体创新，不仅是在常规的内容生产层面进行的创新，还应该在编辑过程、新闻产品及其商业模式和组织结构方面进行大的创新。目前，在新闻业还处于发展阶段的当下，我们依然要鼓励创新，激发新闻组织和新闻工作者的创新精神，为新闻业的持续发展探索出新的路径。

二、新闻创新研究的议题

前面描述了引入新闻创新这一统摄性概念对于展开新闻研究具有的价值。有学者立足于我国新闻业发展过程中的各类创新现象，尝试提出下列四个可展开的维度，在各个维度下可分别展开理论研究和经验研究[1]。

第一，"创新的组织"，主要讨论各类新闻行动者在当下新闻生态系统中的角色。具体而言，这些具体进行创新的主体包括三种类型的组织：第一种是传统的

---

[1] 高晓虹. 中国新闻传播研究 移动传播创新 [M]. 北京：中国传媒大学出版社，2019.

新闻机构及其所创办的数字机构，这些机构依然是最为重要的原创新闻的生产者和发布者，它们在面对技术和经济危机冲击时的调适与变革值得持续关注，如人民日报、解放日报这样的主流媒体。第二种是新近创立的新闻初创公司（news startups），这些组织以网络为新闻的生产、发布和传播平台，虽然并不隶属于现有的传统新闻组织，但它们的内容以严肃新闻为主，是真正意义上的新闻机构，比如澎湃、界面这样的新闻机构。第三种是日渐兴起的平台媒体（Platform Press），它们通常以技术公司的面目出现，否认自己是媒体公司，但对新闻业的影响日趋深刻而广泛，比如新闻分发平台和社交媒体平台。显而易见，虽然新闻组织依然是推动和开展新闻创新的主体，但这里所指的组织已不限于传统新闻组织，而是一种泛新闻组织的概念。

第二，"创新的过程"，主要讨论创新在新闻业和新闻组织中的演化过程。新闻创新研究的核心议题就是探讨影响创新过程的各种因素、动力和作用机制。创新不单单是一个新技术、观念或思路的引入，也需要与之相匹配的组织结构、管理层级等方面的变革，从过程的角度讨论创新的产生更有利于揭示驱动创新的动力机制。创新过程中具有四个关键维度：驱动、来源、方向和轨迹。驱动包括了影响创新发生的内部和外部因素，内部驱动包括组织内的知识或资源，外部驱动则包括管制的角色、影响组织的市场特征等；来源是源于内部因素的具有启发性的想法，如构思和知识，或者是外部因素，如对外部观点的采纳或模仿；方向是指过程创新是由上而下还是由下而上的，即创新是由管理层发起的还是一线员工发起的；轨迹是指创新的空间，是在组织内部的封闭过程还是在一个网络里的开放过程。

第三，"创新的产品"，主要讨论一些新兴的新闻产品、新闻类型和新闻实践。创新最终要体现为一种新物品或一种新的质量的物品的引入，但在新闻创新领域，它不止是一种新的物品。创新的产品可能是新的新闻产品，如新闻客户端、中央厨房①、平台媒体等；可能是新的新闻类型，如数据新闻、机器人新闻、短视频等；当然也可能是新兴的工作实践，如算法分发、新闻推送、流量监控等，这些都是新传播技术给新闻业带来的变化，这些变化最直观地体现了创新是什么。在研究时，人们除了关心创新的产品是什么、它是如何运作的，还有它是如何被接受、采纳和扩散的过程。前者表明了创新是什么，后者则是对创新产

---

① 肖灿. 融媒时代的新闻传播途径研究［M］. 长春：吉林人民出版社，2019.

品的出现过程进行的描述。当然,在很多情况下,二者的区分并不是那么清晰。

第四,"创新的意义",主要讨论创新对于中国新闻业的价值,尤其是在元新闻话语的层面,不同的行动主体如何论述创新及其意义。尽管中国新闻业的数字化转型较晚,但新闻业困境的出现也已将创新提上各个新闻组织的决策议程上来。为何提倡创新?这个问题就关系到如何理解新闻创新对于中国新闻业的意义。关键之处可能就在于,通过培育创新文化和创新精神,为新闻业的转型找到可行的路径和方向。虽然某一个项目或产品的创新有起止时间,但整个行业内的创新将会是一个长期的过程。因此,创新与新闻业的未来密切相关,而在具体的创新案例中,创新主体及其他行动者是如何阐释创新过程并赋予其意义的?基于这些中国本土实践的研究,为人们展开中国语境下的新闻创新研究提供了难得的机遇,这些丰富而又特殊的实践有可能产生独特的理论贡献。

有学者从创新的组织、过程、产品和意义四个维度对现有的新闻创新现象进行了一个理想型分类,它们代表的是侧重点的不同,而并不意味着就可以在现实中进行判然有别的区分,更多时候可能是以一种混杂的形态出现[①]。在具体的研究中,赵晓娟针对大数据新闻所提倡的案例、概念和批判分析路径有助于人们展开具体的研究[②]。人们当然可以从事大量的创新案例的研究,无论是某个新闻组织的媒体融合历程,还是一个具体的创新产品的出炉过程;人们也需要对新近涌现出的新鲜概念进行细致的梳理和厘清,比如算法、平台、中央厨房等。

三、新闻创新研究的路径

新闻业中出现了大量的新现象亟待被纳入新闻研究的视野。与此同时,人们也需要与之相匹配的研究方法和理论予以支持。舒德森曾将既有新闻研究概括为三种取向:经济、社会和文化。近年来,一些研究者开始倡议新的分析路径,比如在研究计算新闻时,安德森(Anderson)就呼吁要迈向一个计算和算法新闻社会学的研究体系,他在舒德森的基础上提出一个包含"经济、场域、组织、文化和技术"五种研究路径在内的研究框架。在研究大数据和新闻时,刘易斯和韦斯

---

① 陈硕,刘淏,何向向. 融媒体时代电视新闻节目的创新与转型发展研究 [M]. 成都:电子科技大学出版社,2019.

② 赵晓娟. 大数据背景下新闻传媒业态发展研究 [M]. 北京:北京工业大学出版社,2019.

特（West）提出了一个包含认识论、专业知识、经济和伦理四重维度的分析框架。在对媒介创新的研究中，他们又提出一个由行动者、技术性组件、受众和行为构成的 4A 矩阵的分析框架。上述分析框架是研究者在面对各自的研究对象时提出的针对性的路径，在综合考量上述创新的研究框架后，有学者在西方理论和本土实践的基础上提出一个由社会—文化与技术—物质两种研究路径构成的分析框架，其中既包括一些传统的研究路径，也纳入了一些新近提出的创新路径。需要说明的是，这个分析框架不是仅限于研究新闻创新，而是能够成为一种整合性的新闻研究的研究路径。

（一）社会—文化路径

20 世纪 70 年代以来，通过对新闻工作的社会组织研究，学者们把原本居于后台的新闻生产过程呈现出来，揭示了新闻业建构社会现实的本质。伯科威茨（Berkowitz）和刘正稼则指出，现在不仅要揭示新闻的建构过程，还应专注于新闻的意义生成，进而提倡一种新闻的社会—文化建构路径。在考察新闻创新时，同样可以采用社会—文化的路径。由于新闻组织是各类新闻创新发生的重要场景，研究者需要深入内部考察各种创新的具体运作过程。更早之前，博奇科夫斯基（Boczkowski）对美国在线新闻作为新闻创新的研究就是典型的社会建构的路径。斯普里多（Spyridou）等人利用行动者网络理论考察不同的行动者如何协商，并最终塑造了互联网及相关的数字技术嵌入新闻的方式。卡尔森（Carlson）和厄舍（Usher）把数字新闻初创公司视为创新的主体，通过对创业宣言的元新闻话语分析，展示出它们对新闻业的阐释，如对既存新闻实践的确认与批评、对新闻业与技术间的边界的重新思考等。回到中国语境，当人们把新闻组织的融合、转型等视为创新时，仍有大量的未知问题等待探究，如它们的实际运作、创新过程等，这些新机构、新产品、新实践的出现在何种程度和意义上影响着新闻业等，则需要进行文化路径的阐释。

（二）技术—物质路径

在经典的新闻社会学研究中，技术问题虽然经常被提到，但很少被详细地讨论，并没有获得足够重要的位置。博奇科夫斯基和安德森认为，以前的新闻研究总是以词（word）为开端，侧重于讨论词的内容、写或说这些词的人以及他们所属和互动的组织。而信息的生产、分发和接受过程中的物质条件被忽略了，现在应该加强对物（things）的研究，包括工具、机器、硬件、软件和其他类型的技术。技术—物质路径有两层含义：一是新闻研究对象的拓展和转向。新闻业正在进入一个技术导向的时代，出现了数据新闻（Data Journalism）、机器人新闻（Robot Journalism）、自动化新闻（Automated Journalism）、算法新闻（Algorithmic Journalism）等新的实践类型。它们构成了新闻研究的新客体（New Objects），体现了一种物质性（materiality）的转向。二是对这些新客体的研究必然会带来新闻研究范式和路径的更新，一个突出的例子就是科学和技术研究中的理论和方法被大量引入新闻研究中来，如已经被广泛采用的行动者网络理论（actor-networktheory），以及交易区（Trading Zones）和边界客体（Boundaiy Objects）、技术戏剧（Technological Drama）等概念的使用，这些新的理论和方法为新闻研究提供了丰富的概念和工具。博奇科夫斯基（Boczkowski）和米契尔斯泰因（Mitchelstein）认为，以往对在线新闻的研究一直走在一条单行道上，既不能厘清哪些经验趋势独属于在线新闻，哪些又可被其他数字文化领域所共享，也无法与其他行为和社会科学中的相关理论构建工作进行概念方面的交流。他们希望实现的是一种双向的交换，将网络视角引入对新闻的研究，为网络研究中对技术和组织因素的讨论提供了一个可能的场景。目前，国内学界对今日头条等新闻分发平台背后的算法机制的关注就是物质转向的很好体现，一方面，它能够拓宽我们对新闻中行动者的理解，不仅限于记者，还应包括程序员、工程师、数据可视化专家等；另一方面，它也打破了传统新闻研究中的新闻室和新闻组织的中心性，一些新闻生态中的新来者亟须得到正视。

新闻创新现象不是始自今日，而是始终存在于新闻业的发展历程中，只不过我们在当下开始以这样的概念来界定类似的现象。在早期关于创新的研究中，新闻创新被视为一种应对技术变迁的方式，与技术创新一词交替使用。而现在新闻创新则是一种应对"危机"的主要方式，这种危机在技术和经济双重因素的影响下日趋加深。新闻创新研究的兴起是学术研究对于实践中的新闻创新现象的回应。

不仅是处在剧变中的新闻业需要创新，以新闻业为主要关注对象的新闻研究也需要创新。如果说过去的新闻研究主要关注"常"，那么现在更重视对"变"的揭示，既定的研究范式也要有所更新。

第二节　社会化媒体的信息扩散

一、社会化媒体信息扩散过程

信息的传播与扩散是连接传播者与受众的重要桥梁，依靠一定的传播载体，赋予传播内容符号化的含义。传播者、受传者、传播内容、传播渠道、反馈、噪音等是传播过程中不可缺少的成员。在社会化媒体环境下，以内容的生产和消费为主，信息的传播与扩散研究尤为重要。随着时间的推移，历史上诸多专家学者对信息的传播与扩散过程有不同的理解，但无论信息扩散是依附于何种传播中介或学者将其定性为何种传播模式与类型，都是遵循科学社会发展的规律与方向。

"六度分隔"理论（Six Degrees of Separation）由弗里杰什·卡林西（Frigyes Karinthy）于1929提出。该理论指出："你和任何一个陌生人之间所间隔的人不会超过六个。"随后哈佛大学的心理学教授斯坦利·米尔格兰姆（Stanley Milgram）于1967年根据该概念进一步验证，得出"小世界网络"（Small-World）理论。随着互联网技术的迅猛发展，"六度分隔"理论在网络上得到了最好的印证与体现。逐渐趋于人性化、社会化的互联网，将现实中的人类交往活动、人际关系延展带到虚拟世界中，打破了时间和空间的局限，人与人之间的信息沟通交流也逐渐由"强链接关系"过渡到"弱链接关系"，呈现出更加个性化、多元化、平等化的社会交往特点。这是社会化媒体发展并取得成功的理论背景，为之后的信息传播、人际关系、使用动机等方面的研究提供了理论基础。同时，从1948年美国政治学家拉斯韦尔提出传播过程的"5W模式"以来，传播学研究者们从不同角度研究了传播现象和信息传播扩散过程，以解释信息传播的机制和传播本质。在社会化媒体中，信息扩散过程遵循基本传播规律。以拉斯韦尔模式来说，信息扩散需要基本五要素，传播者或信源，可以是个人或专业化组织，搜集信息，对其进行制作、编辑，使其最终成为信息扩散源头；传播内容，即流动于传播过程始终的文本内容。一方面，传播者与受众生活环境和经验的不同，及受众个体理解能力和符号转化能力的差异是导致信息是否能够得以扩散的原因之一，所以文本内容尽量涉及传播者与受众的共同点，使之在可掌握的知识储备和技术运用上扩大传播范围。另一方面，信息呈现及传播方式的新颖化，也是保障信息传播的因素之一；受众作为信息的接受者，是传播的接受对象和信息传递的目的地，是传播活动的一个重要环节。

在此基础之上，奥斯古德-施拉姆模式注重信息的反馈，打破将受众与传播者割裂开来的固有观念，将单向线性传播丰富为信息循环模式。在注意传播效果的同时，更将反馈作为传播者调整传播规则与策略的必要前提。循环模式对于社会化媒体中的信息传播有一定的借鉴意义。随着用户制造和分享内容积极性的不断提高，用户作为社会化媒体参与度最高部分，其主体地位和作用在信息扩散过程中，成为影响信息扩散的范围、复杂程度的重要因素。在循环模式基础上，假设信息由信源通过编码后发出，通过社会化媒体传播途径，到达信宿。其中信源可以由系统性的大众媒介担当，或是在传播后期逐渐形成的意见领袖担任，都因其二者掌握绝对信息优势或杰出的符号理解能力，意见领袖作为信息扩散中活跃节点，影响信宿是否能够全部接收信息进而扩散出去的行为。同时，信宿对译码后的文本内容有不同的反应。其一，部分受众对信息产生兴趣或因满足需求等因素影响，从不知情者转变为知情者后，继续将信息传递下去，信息扩散得以延续。其二，偏沉默的受众对于信息没有较大热情，信息扩散就此终止。

信息扩散，在于"扩"——信息数量呈几何式增长，这来自传播者发出内容的多样性，意见领袖对不同领域信息的把关程度，是否符合受众转发文本的动机等因素。"散"——信息传播所覆盖的范围，可能直接受社会化媒体工具先进性的制约、意见领袖与受众之间的信息差量等影响。所以意见领袖作为中枢点，其权威性和活跃程度越高，越容易完成信息扩散。普通个体的热情和活跃程度越高，对于信息扩散的广度和深度越有影响。社会化媒体中的信息传播与扩散，既包含点对点的人际传播，也包含点对面的组织传播等。社会化媒体的传播模式极其多样，其复杂性来源于社会网络结构。因为社会化媒体的发展就是以现实人际关系、群体结构为依托的。信息扩散最大化，是上述各因素充分调动的结果。

二、社会化媒体信息扩散特征

社会化媒体提供的草根平台具有开放性、互动性、低门槛等特点。受众积极参与的热情以及信息传播的速度等，造就了社会化媒体信息扩散的独特性。19世纪中期，社会化媒体信息扩散进入研究者视野，其中最具代表性的是级联模型，此模型源自市场研究领域，在信息扩散过程中，存在多个节点，每个节点都有变身为活跃点的可能性，某节点活跃后会激活临近点，如若成架激活，其临近点也变为活跃状态，以此连贯下去。"门槛模型"是由格兰诺维特和谢林在统计信息量和扩散程度基础上提出的，认为信息点都包含自身的信息门槛，只有当节点影响值大于信息门槛值时，信息节点才会变为活跃状态。且每个人会根据自身需求和目标，做出实现自我需求最大化的行为。对前人社会化媒体信息扩散模型的了解，有学者提出社会化媒体信息扩散的以下特点。

第一，扩散方式多样性。社会化媒体虽然发展时间不长，但其影响力和受欢迎程度是以往任何媒介都不可及的，这与社会化媒体的信息扩散方式和途径的多样化大有关联。一方面，"媒介即人体的延伸"虽有过分强调传播工具之意，但在如今的传播渠道中，个体还得依靠丰富社会化媒体传播手段，才能实现以信息质量为核心的传播行为。正如人的眼睛延伸为电视，耳朵延伸为广播，社会化媒体以信息的传递扩散为基本任务，形成不同形式的信息扩散方式。其中包含人际传播、群体组织传播、大众传播等多种形态，如较为常见的即时交流，如 QQ、微信、微博等实现点对点或点对面的信息扩散等。另一方面，在传统媒介中，单向式传播占主导，而社会化媒体多是依靠移动互联技术，可以通过终端来实现。基于互联网传播技术，社会化媒体的高度连通性和开放性使传播媒介逐渐融合，这就使信息扩散成为易事，改变传统媒体的传播方式。如在查询电影资讯时，人们首先会登录百度网页搜索相关电影的上映时间、观影地点等，同时可能会出现同名小说的资讯，可能会在微博上出现相关影讯或视频片段，附有演员、导演等介绍信息，在点击演员、导演时，会进入相关贴吧论坛等，这些链接处在明显位置，点击进入即可。一部电影，从网页文字信息到视频分享网站再到网络虚拟社区，每一环节都会产生使受众发表意见的空间，信息扩散不受地域和时间的限制，受众不受信息发布的其他外因的约束。信息扩散方式的多样性和社会化媒体融合之势都会影响到信息扩散的多样性。

第二，突出的社交性。社会化媒体早期发展以 BBS/论坛等基础性交流网站为主，信息扩散重在文本内容传播，用户在论坛获取信息或发表意见观点时，依传播内容划分活动区域，可以说信息将用户吸引到同一社区，突出"内容为王"原则。接下来出现的百度问答、必应、博客等信息分享平台。博客的出现是信息扩散去中心化的表现，是用户知晓世界、表达感情的途径，并提供多样化的服务信息，突显出用户为主体的信息扩散方式。微博、SNS 等社会化媒体揭开了传播形式多样化的序幕，以用户分析心得、交流感情为核心的微博是 20 世纪以来发展最为迅速的媒介平台之一，突破地域、时空限制，拓展交往圈，双向关注、感兴趣的人、加分组等功能，让用户可以和接触不到的名人进行微博对话活动。社会化媒体中的信息扩散融合以信息、用户、社交为中心的扩散方式，三者融会贯通。有学者认为社交性是信息扩散最终达到的目标，任何传播任务或有意或无心，都会扩大用户社交范围。

第三，社会结构的建构性。社会网络理论（Social Network Theory）作为社会学研究的新范式，始于20世纪30年代，在20世纪70年代走向系统化、成熟化。英国著名人类学家布朗在研究结构的过程中最先提出社会网络的概念。关系要素及结构要素是社会网络理论的两大分析要素，前者从社会性黏着关系角度出发，而后者则关注人们在网络中所处的位置以及由此衍生的社会结构。强弱联结理论、社会资本理论、结构洞理论构成了社会网络的主要理论，其中强弱联结是美国某社会学者在研究个人求职行为过程中，发现个体的关系网络对其求职行为有重要影响，并发现往往是弱关系对个人求职更加有帮助。在此基础上他提出关系强度概念，即包括强链接关系和弱链接关系。亲朋好友、合作伙伴等往往与个体是强链接关系，他们与个体在现实生活中更加熟悉，彼此了解，其教育背景、工作收入、年龄等社会经济特征更为相似，因此在信息扩散方面更加有针对性、可信性。而那些与个体关系一般，通过网络结识，社会经济特征相似度不高、同质性较弱、互动性较低的则为弱链接关系。尤其在群体层面，弱链接关系充当了信息的桥梁作用，能够给受众带来无冗余的信息，从"强链接"到"弱链接"既是人际关系网络的延展、社群交往的拓宽，更是奠定社会结构形成的基础。同时社会化媒体中所形成的大部分虚拟人际关系是建立在现实社会中的人际结构中的，以此为基础，涉及一个国家或地区的成员组成方式和关系结构，包括人口结构、社会组织结构等。多数用户首先是以生活中的家人、朋友、同事为基础展开人际交往，将实际人际关系通过社会化媒体的信息扩散及传播工具迁移到网络社区，此后拓展交往圈。以微信为例，个人先将周边人纳入好友行列，并在此期间，利用微信摇一摇或搜索周边人等功能，扩大交往范围，提高交往深度。反之，社会化媒体中构建的虚拟社区，去中心化的亲民管理以及由此形成的朋友圈，也会影响现实生活中的关系连接。

第四，有势性。有势性又称为势能系统、位势系统，表现为信源与信宿所掌握的信息差。也正因如此，"势"所代表的信息差值决定着系统发展方向和演进能力，而流动的信息"势"能是信宿与扩散率不断增加的原因。由信源发出信息到信宿接收信息，可以得出传播行为的本质是引导受众理解和体会信息势差。以微博传播为例，意见领袖占有比一般大众更多的媒介资源，其卓越的符号解读能力所形成的观点也是大众所不具有的，信息流动方向一定是以意见领袖为开端，流向一般受众。除意见领袖这一因素外，还与话题信息的敏感性和受众的活跃程度息息相关。

第三节　社交媒体的网络行动

一、理论基础

（一）创新扩散理论

创新扩散理论是一个关于通过媒介劝服人们接受新观念、新事物、新产品的理论，侧重于大众传播的社会、文化影响，最早由埃弗雷特·罗杰斯提出。

（二）使用与满足理论

使用与满足理论是传播学的重要理论，理论站在受众的立场上，通过分析受众对媒介的使用动机和获得需求满足来考察大众传播给人类带来的心理和行为上的效用，与传统讯息如何作用于受众的思路不同，该理论强调受众的能动性，突出受众的地位。该理论认为受众通过对媒介的积极使用，制约着媒介传播的过程，并指出使用媒介完全基于个人的需求和愿望。

（三）媒介行动主义理论

媒介行动主义是利用媒介和传播技术来从事社会运动，或者是一种试图改变有关媒体行为和传播政策的社会运动形式。媒介行动主义认为，在一个媒介全面渗透的社会，媒介是变革社会的一种力量。

（四）网络空间治理理论

网络空间治理就是指与网络空间相关的所有人，包括互联网运营商、开发者、互联网资源的分配者和使用者，通过制定准则、行为规范或程序的方式来解决网络技术标准、资源的占有和分配以及使用者规范等多方面问题的集体决议方式。网络空间治理主要是指政府、相关社会组织通过制定政策、准则的方式对网络使用者的行为加以规范，防止偏离社会准则的事件发生。

二、中国网络集体行动的特征

（一）目的的多元性

经过多年的发展，我国社会正处在一个深刻的社会转型期当中。进而衍生出具有不同需求的社会人群。同样，中国网络集体行动的参与者也是出于不同的需求动机加入这种网络"集体狂欢"中来的。他们有的出于爱国主义的情怀；有的可能是为了获得物质回报或者社会声誉；有的可能是出于消闲、放松，排遣闲暇时光的目的；有的可能是为了搜集资讯；又有的可能仅仅是为了获得一种身份的认同。

（二）方式的多样性

经过十几年的发展，我国的网络集体行动从自发走向自觉，行动方式也日渐多样化。目前我国网络集体行动的方式主要有网络签名、网络动员等。所谓网络签名，是一种通过签名的方式来表达对某种态度、观点、立场或人的支持。所谓网络动员，就是在互联网平台中，发动人们参与某项活动，具有准入门槛低、动员效率高、动员范围广等特点。

（三）以"草根阶层"为主

参与者以草根阶层为主是当前中国网络集体行动的首要特征，这与当下中国网民群体的构成也有着较为密切的关系。

《中国互联网络发展状况统计报告》显示，2021年我国网民总体规模持续增长。一是城乡上网差距继续缩小。我国现有行政村已全面实现"村村通宽带"，贫困地区通信难等问题得到历史性解决。我国农村网民规模已达2.84亿，农村地区互联网普及率达57.6%，与2020年12月相比提升了1.7个百分点，城乡地区互联网普及率差异较2020年12月缩小0.2个百分点。二是老年群体加速融入网络社会，这得益于互联网应用适老化改造行动持续推进，老年群体连网、上网、用网的需求活力进一步激发。截至2021年12月，我国60岁及以上老年网民规模达1.19亿，互联网普及率达43.2%。老年群体与其他年龄群体共享信息化发展成果，能独立完成出示健康码/行程卡、购买生活用品和查找信息等网络活动的老年网民比例已分别达69.7%、52.1%和46.2%。

第四节　基于深度"联结"下媒体融合的三种基础逻辑

回顾中国媒体多年来的媒体融合进程，面对新技术的冲击，现在似乎又到了一个重要的"十字路口"。以一种结构化的视角来重新理解技术与社会的关系，人们会更坚定：当下媒体融合的逻辑必须以互联网逻辑为准，理解技术对于社会的重塑作用，尊重技术带来的变革。以往的融合改革，我们可能思考的更多的是怎么利用新技术。

"联结"就如一个大纲领、大思路，统领着媒体融合所有的战略决策、具体实践，在制定每个媒体具体的融合策略和转型路线时，我们需要以下三种基础逻辑展开。

一、围绕以"用户"为中心，构建媒体与用户的"强关系"

互联网时代，从媒体发展的关系而言，是在进行人与信息的一种连接。互联网的发展，从本质上说，恰恰是人自主性与自我解放的延伸。网络技术的发达，使信息消费者摆脱了传统意义上的"受众"角色，网民有了更多的信息选择、表达、分享，甚至生产的权利。"人人都有一个扬声器"，表明的正是互联网为普罗大众带来了信息传播上的极大"赋权"。

新媒体对传统媒体最大的冲击是改变了"媒体"与"用户"之间的关系。而互联网思维的一个中心便是"以用户中心"为导向。如果说，传统媒体时期"用户"与"媒体"之间构建的关系属于"弱连接"的话，那么在互联网背景下，媒体融合要取得新的发展和突破，则需牢牢围绕"用户"，构建与"用户"的"强关系"。与传统媒体时代相比，媒体融合之所以要坚持"用户中心"思维，主要源于以下几个原因。

（一）用户习惯已然发生改变

传统媒体时代，信息的传播大多是单向性、直线型的，但互联网的出现改变了此种传播模式。只要人的手机上安装了相关的新闻客户端，不但可以实现个性化的新闻推荐阅读，人们还可以随时随地决定什么时间打开客户端，看什么类型的新闻。传统媒体时代，媒体机构掌握着主要的信息决定权。例如，电视台固定几点播放某档节目，受众才有机会接收到相关资讯。但是，随着互联网的发展，信息传播渠道被大大扩展，现在的状况恰恰相反，"受众的注意力和时间"成为所有媒体结构和传播渠道相互争夺的目标，受众完全有权力决定什么时间段收取什么新闻资讯、看什么类型的节目，"受众"已经由"被动方"转变为"评审人"，受众掌握着绝对的"主动权"。

（二）用户习惯改变倒逼内容生产变革

用户信息接触渠道和阅读习惯的变化也催生媒体重塑内容表达方式。互联网带来了信息的极大繁荣，但也产生了不一样的经济逻辑：有价值的不是信息，而是注意力。为了争夺用户有限的注意力，媒体机构必须有所改变。

现在，低头族成为一个新兴的群体，大部分人的信息来源于 App，而非传统的报纸、电视。用户阅读习惯的改变，也改变了原有的表现形式和表达方式，转而使用更活泼的文字、图片等。例如，如今微信是信息的主要渠道，许多人在微信中也订阅了不少自己喜欢的公众号。在微信公众号中，文字变得越来越轻，相较长篇文字的深度内容，图文消息类文章变得更受欢迎。相较文字类信息，短视频则更受欢迎。

相较媒体为适应用户的这种改变，自媒体人显然跑在了传统媒体前面。成功、优质的自媒体必然是深刻理解了"用户中心思维"，产出对于用户而言真正具有价值的内容，而不是自说自话。移动互联网时代，用户更偏向于喜欢更具个性化、专业化的内容生产者。从本质而言，也是从自身的需求出发，在时间有限的情况下，尽量摄取对于自身有用的信息资讯。自媒体能够取得如此迅猛的发展，这也从侧面验证了"用户中心思维"的重要性。

自媒体阅读频率具有如下变化：九成网民听说过自媒体，在听说过自媒体的群体中，每天都阅读自媒体的人群占比 97％，而 20～49 岁的年轻群体是重度自媒体阅读者。也就是说，年轻受众群体的信息接收渠道主要是自媒体，传统媒体机构要想影响和吸引更多的年轻化受众，其生产的内容也必然需要符合年轻人的"口味"。

某市的日报报业集团的媒体融合改革一直走在全国前列。社长认为，传统媒体内在的传播逻辑是"媒体本位，内容为王"，互联网遵循的逻辑是"开放分享，用户中心"，这也是此日报在媒体转型之路上一直坚持的战略思维，其利用资本的力量，收购边锋和浩方的目的也是为了快速找到"用户"，实现与新媒体的接轨，然后发扬自己的内容生产优势，为"用户"提供信息服务。

互联网时代，媒体融合要取得成功突破，首先在思维上必须转变，坚持"用户中心导向，围绕用户打造"强关系"，这是传统媒体融合的首要之义。

二、盘活媒体拥有的各类垂直化关系资源，实现资源最优配置

为何要重视这些垂直化关系资源？就如在移动互联网时代，有了用户，不代表就能够赢，重在做好"用户运营"工作。利用好垂直化关系资源的目的在于更好地形成用户黏性、建立壁垒。人们可以以互联网行业的发展为参考，在目前的移动互联网大局之下，O2O成为最火热的战场。如今媒体的身份属性变得更加多元化，已经不再单纯于一个信息服务机构，也开始承担其他的服务角色。媒体已经不仅仅局限于一个内容生产和分发平台，其身份逐渐开始向服务、社群延伸，与其对应发生的是媒体的商业化模式也在不断转变。媒体机构如何最大化地盘活和利用好其拥有的垂直化关系资源，也成为其能否快速找到其他商业化模式的一个重要影响因素。

（一）"社区化"——盘活垂直化关系资源第一步

社区化是媒体转型盘活垂直化关系资源的重要一步，其目的在于为媒体获得用户规模和用户黏性。传统媒体因为多年经营，早已经积累了一大批忠实的社区用户，媒体记者也往往掌握着某个领域的核心人脉资源，在某个领域具有一定的舆论话语权，如何充分利用好这些垂直化关系资源，是媒体在融合进程中如何快速实现资源商业变现的关键。

在报业大家庭里，随着区域性的都市报面临危机的不断加深，一些细分和垂直性的报纸越来越引人注目。老年报、农民报、地铁报、社区报成为新兴的增长点，也正是因为细分和垂直性领域，更容易实现用户与媒体关系的转换。许多媒体在进行转型时，也充分考量到了各领域垂直化关系资源的重要性。例如，早年间的某某日报报业集团确立了"以媒为本，多元多赢"的战略定位，集团提出了"细分市场精耕细作""用移动互联网思维办报纸"的思路。"细分市场精耕细作"的意思是发挥报纸的资源优势和区域化优势，深入挖掘细分行业，创建新的报刊、社区报等。同时，此日报报业集团还建设了各类信息聚合平台：网站集群和微博群，这些举措其实都是对媒体本身所拥有的垂直化关系资源的一种有效利用

和盘活。

（二）"社群运营"——激活垂直化关系资源

社区化的另一层意思是构建用户与媒体互动的"社区"，打造社群文化。这种互动既可能是虚拟社区里的评论、点赞，也可能是由媒体举办的线下互动活动，其目的都是深度渗透到用户的各个生活场景之中。例如，许多社区报会依托所在社区的地域优势，发动相关社区活动，并逐渐打造成报纸的"品牌社区活动"。

说到"社群运营"，《逻辑思维》可以说是社区互动以及社群文化运营的一个典型。其中的运营之道值得媒体在加强与"用户"强关系连接时参考借鉴。社群主义的英文为"Communitarianism"，词根是"community"，通常译为"社区""共同体"等，故也有"社区主义"或"共同体主义"的说法，但有学者认为较为合适的译名应是"社群主义"。一般地说，"社群主义者把社群看作是一个拥有某种共同的价值、规范和目标的实体，其中每个成员都把共同的目标当作其自己的目标"。深入研究《逻辑思维》的发展可见，《逻辑思维》将其定位为一个知识社群，刚成立时，成员之间可能只是一种弱连接关系，通过一场场线下互动活动或者有效的线上互动，弱连接转化为强连接。相较自媒体、互联网企业，传统媒体的社群运营有其自身的特点。但是，媒体融合应借鉴自媒体以及互联网企业"社群"运营的经验，其要义便是充分渗透至用户的各个生活场景，打造与用户之间的强连接关系。

三、服务为王，构建创新服务的核心平台

媒体融合的深度"联结"逻辑的另一个基础逻辑是以服务为王，构建创新服务的核心平台，这既是基于对互联网背景下媒体功能角色转变的考量，也是在新技术催动下对媒体未来发展趋势的准确把脉。

（一）从"内容为王"到"服务为王"的转变

互联网的本质是连接，媒体机构扮演的最重要的角色是用户与信息服务的连接，随着媒体角色的多元化发展，媒体机构也慢慢发展演变为一个平台枢纽的角色。例如，某大学教授就提出，新媒体不是"媒体"，或者说不是传统意义上的媒体，而是媒介平台。媒介平台是通过某一空间或场所的资源聚合和关系转换为传媒经济提供意义服务的，从而实现传媒产业价值的媒介组织形态。狭义的媒介

平台特指基于互联网的媒介平台，如腾讯、新浪等；广义的媒介平台还包括传统媒体自建的媒介平台，如人民网、CNTV 等。但是，在目前的互联网背景下，BAT 几乎抢占了流量入口，传统媒体机构转型做媒介平台的窗口期已过，与大的媒介平台进行竞争，也必是困难重重。

媒体融合本就是一场由技术而催生的变革。新媒体概念的出现，也可以说是技术变化带来的衍生品。新媒体（基于互联网的媒介平台）与传统媒体有什么根本的区别吗？最大的不同就是传统媒体一定是"内容为王"，而新媒体则是"服务为王"。

对于媒介产品而言，如果受众在消费之后对其认可，往往会持续消费，这不仅意味着单次消费后媒介组织与受众之间关系的延续，而且是持续发生关系的开始；媒体售卖的是连续性产品。将单次消费的受众转化为媒体的忠诚受众，是媒介经营的重要内容。也就是说，从经营理念上来说，媒体必须转变思路，延伸自身的产品价值链，将自身打造成为一个创新服务的核心平台。

媒体融合要在此背景下取得突破，必须打通媒体与用户的深层关系，无论是在线上还是在线下，使媒体"内容"成为其中的一个"联结物"。媒体机构的定位也不是一个只会提供新闻内容的机构，还应该能够为用户提供多元化的服务，这样媒体才能有更多元化的商业模式和盈利模式。

（二）以"服务"构建核心平台

在媒体融合的语境下，传统媒体要构建创新服务平台，还是需坚持以"信息服务"为基础。观察当下自媒体的发展，很多自媒体也致力于将自身打造为一个"服务提供"的平台，而平台只是一种概念，可大可小。

除了自媒体，传统媒体也积极利用新技术，将自身转型为一个平台型媒体。例如，某杂志不仅有杂志，还推出了音频、视频、客户端和网站，形成了一个多渠道运营的媒介组织形态，全方位地为用户提供服务。此外，还开设了自己的微社区，将核心粉丝运营起来。这样的转型实践探索，为媒体的未来发展提供了更多可能性。

第五节　融媒体时代对新闻传播策划的影响

一、新闻传播策划

关于新闻策划这一概念，可以从狭义和广义的视角来理解。狭义的新闻策划仅限于对新闻报道的策划，广义的新闻策划包括新闻媒体策划的受众对象、媒介功能、编辑方针、管理模式、经营战略等的整体宏观策划。以前的关于新闻策划概念的学术研究大多关注新闻报道本身，还是狭义上的新闻策划。"电视新闻传播策划"是广义上的新闻策划概念，并在中间加"传播"二字与以往电视新闻策划加以区分。这是因为电视新闻的传播策划也从属于新闻学和传播学还有策划学的范畴，电视新闻传播策划不仅仅是对于新闻报道的具体安排，更是宏观的、带有全局观的战略性思考方案。特别是随着融媒体时代的到来，电视新闻在传播渠道上不再受传统的电视屏幕的局限和影响，移动互联网新媒体、自媒体甚至社交媒体都能够成为电视新闻的传播渠道，可以说电视新闻在融媒体时代面临着传播介质多元化和转变的局面。除了做好狭义上的新闻报道的策划与创新，更需要把电视新闻节目和电视新闻频道作为产品重新进行传播方式的策划，从电视新闻的生产方式以及电视节目的运作流程上做出改变，以适应融媒体时代多元化传播的趋势。

北京电视台是中国第一家电视台，自 1958 年正式播出以来，中国的电视事业至今已经发展了 60 余载，改革开放以后特别是近几年来，伴随电视台企业制改革，电视新闻在传播理念到传播形式上都发生了巨大的转变。

（一）策划与新闻策划

"策划"一词，在《辞海》《汉语大字典》等工具书中都能找到释义，《现代汉语辞海》的解释是"积极主动地想办法、定计划，着重在为使对方陷入被动，而暗地里出谋划策（多含贬义）"，在《汉语大词典》的解释为"谋划，计谋"。汇总起来看，几十个释义项所用字词文句不同，侧重点不同，但最通俗、最根本、最核心的解释都没有脱离四个字——"出谋划策"。当然，策划不仅体现在中国文化典籍中，在西方和世界文献中也能发现其身影。在英文字典中，有许多单词包含"出谋划策"之义。例如：plan、planning、devise、strategy 等，它们都具有计划、计谋、战略、策略、设计、谋划等意思，但都不完全等同于中文中

"策划"一词。现代意义上的"策划",指谋划、策略、规划、预先计划安排。国内外学术界对此概念不乏研究。例如,美国学者××认为,策划就是在事前决定做什么事情。按照哈佛企业管理丛书编委会的定义,"策划是一种程序,在本质上是一种运用脑力的理性行为。"吴粲、李林的著作《策划学精要》对策划学的原理、效应、技巧、实战等作出梳理,结合大量翔实案例展开论述,书中说,策划是对市场信息进行管理、运行、技巧处理或操作的过程,以及对市场进行计划、酝酿、决策并运用谋略的过程①。

从上述列举的国内外学界和业界的种种观点中,大致可以得出这样的看法:任何策划都以创意和创新为基础,具备三个基本要素,即策划者、策划目标、策划方案。策划者是从事策划活动的主体,即人,可以是具有筹划能力的某个人,也可以是具有筹划能力的一个团队;策划目标是策划活动所指向的客体,可能是某一个企业和组织,也可能是某一个准备实施的项目;策划方案是策划活动所形成的结果,也就是凝结着策划者智慧的、解决某一企业或项目问题的行动方案。

从本质上说,策划是主观见之于客观、思想见之于行动的人类理性活动,它既是人脑创造性的思维过程,也是人们积极运用各种工具和手段、为达到预期目标而进行的谋划和建构。因此简言之,策划是为了决策而制订计划、策略的活动,其结果一般呈现为具有可操作性的实施方案。一次成功的策划至少具备三点:建立在调研基础上通过创造性思维而得到的精准筹划、科学而又合理的实施方案、周密而有效的运作行动措施。

策划的形式丰富多样,从不同的根据和标准出发,可以把策划划分为众多类型,主要有:按照策划的范围划分为全程策划、领域策划和专题或专项策划;按照策划的对象划分为战略策划和战术策划;按照策划的社会属性划分为企业策划、政府(机关)策划、教育(学校)策划、军事(战役)策划、社会公益策划、公共关系策划;按照策划的具体业务划分为形象策划、品牌策划、调查类策划、分析判断类策划、实施营销类策划;按照策划的性质划分为开发型策划、处方型策划、预防型策划、改善型策划;按照策划的需求划分为委托性策划、自主性策划;按照策划的频度划分为周期性策划、重复性策划和一次性策划,等等。

通过总结梳理可以得知,策划普遍包含以下几个特性:其一,强调主观能动性。无论是"谋划"还是"积极主动地想办法",都需要充分发挥人的主观能动

---

① 吴粲,李林. 策划学精要 [M]. 北京:中国人民大学出版社,2009.

性，一次策划能否达到预期，很大程度上要取决于策划人的经验丰富程度以及是否充分经过了头脑风暴。其二，出发点极其明确。策划以完成相关的任务而设计方案、展开操作，拥有精准的目标群体，所有的策划方案，都是围绕着目标群体进行设计。其三"策划和创意如影相随。创意是策划活动中最为重要的一点，且要求策划所需要的创意必须能够在现实中实现。其四，策划是对今后的各项活动进行计划、规划。这也就意味着，制订策划方案的相关人员务必要就将来的发展形势作出相应的预估，可合理化地展开预见，对可能出现的新状况有处理的预案。中国现代的策划业兴起于 20 世纪 80 年代，是伴随着中国改革开放历史进程而来，是由计划经济转向市场经济、实行自由竞争带来的必然产物。特别是改革开放推进到 20 世纪 90 年代中期，经济发展取得了令人可喜的成就，工商业由宏利进入微利时代，产品由供不应求转为需求过剩，知识经济初露端倪。这些，使得现代的策划业应运而生，长期的实践也使得策划学理论日趋完善，站在信息时代的十字路口，新闻传播策划作为一种学科融合的产物也开始逐渐进入人们的视野。

电视新闻策划，作为电视节目制作的一个重要环节，也是学术界研究的一个重点问题。对于其定义，历来不同学者都有着自己的理解。归纳此前的研究成果，关于电视策划的定义大致可分为三类。第一类定义主要是从电视节目策划的过程出发，将其看作是一个动态的过程，认为电视策划就是对包括电视频道、形象及电视栏目和节目的提前规划和策划的思维过程，注重整体性、前瞻性，包括综合拟定策略、实施方案、事后追踪与评估过程。第二类定义则侧重于强调电视策划的效用，是从其作用的角度对其加以界定的。例如，将视点放在电视策划的"智力支持"上就是其中一种，认为电视策划就是通过对相关信息的搜集和掌握，根据电视发展趋势和媒体生存环境，有针对性地对电视节目的宗旨、目标、受众、定位、战略、策略等方面进行策划，同时也为进一步开发渠道和潜力，以及节目效果的评估等提供一定的智力支持。第三类定义侧重电视策划的具体内容，着重从要素角度分析电视策划的各项要素，包括其受众定位、实现手段、策划目标等方面。这些都各有道理，强调的侧重点各有差异。实际上，任何电视新闻策划，都离不开具体内容和过程，都不能忽视效用和效果。

（二）新闻传播策划的必要性

首先，电视新闻传播策划是适应媒体竞争的需要。网络的发展给传统媒体带来了巨大的挑战和冲击，尤其是新闻领域日益白热化的竞争更是带动了新闻媒体和传播方式的转变，如新闻策划的关键性就因此开始被更多人所关注。

其次，电视新闻传播策划能够带来良好的社会效益与经济效益。只有经过策划的电视新闻主题报道，才会从一众报道中脱颖而出，具有主动的媒体能够提起受众的兴趣，新闻报道充满新意，可以激发策划"亮点"，从而引起读者的关注。

再次，电视新闻传播策划是媒体塑造精品、实施品牌战略、赢得自身良好发展的需要。在愈来愈激烈的竞争环境中，电视媒体必须树立品牌意识，讲求品牌效应，这就必须从新闻策划开始，塑造精品。如 2015 年后，中央电视台在融媒体渠道方面投入了非常多的人力和物力，目前已经大致建立起了多平台和终端的"一云多屏"体系。调查数据显示，截至 2016 年底，超过了 3 亿用户在使用央视新闻新媒体平台，微信平台拥有媒体账号中最大规模的用户数量，其中央视财经微信公众号的每日阅读量突破 200 万。截至 2017 年 10 月底，央视新闻中心微博"央视新闻"的"粉丝"数量超过了 5176 万。央视网在 Facebook 上所运营的 CCTV 全球账号"粉丝"数量突破了 2941 万。这样的数据在我国所有的主流媒体中都是非常可观的，而从国际主流媒体层面来看，央视网的数据也称得上是数一数二的。

最后，新闻策划关系着新闻的采编与实践。随着新闻领域的竞争日益加剧，新闻策划所投入的人力和物力都会在新闻报道中展示出来，所以媒体工作人员学习新闻策划是非常有必要的，想要生产出符合当下时代发展所需的新闻报道，必须要充分了解并掌握新闻策划，特别是传统媒体更需要着重关注新闻策划，尤其是一些大型主题式的报道，可以让编辑、记者得到锻炼，形成新闻报道质量提升的思维途径。

（三）新闻传播策划的一般原则

一是导向性原则。任何电视新闻传播策划都要以正确的舆论导向为首要原则，了解实际情况与受众需求，积极营造有利于社会稳定的舆论态势，正确引导舆论导向。二是创新性原则。电视新闻传播策划必须具有创新意识，传播策划设计要紧跟时代脚步。三是适宜性原则。这要求电视新闻传播策划者具备高度的新闻敏感性和对社会大局舆论导向的把控能力，在实施新闻传播策划时抓住最佳时机。四是可操作性较强的原则。电视新闻传播策划是否拥有较强的可操作性，是否能够顺利进行，对于策划效果而言非常关键，制订电视新闻传播策划方案时要综合考量各个层面的因素。

（四）新闻传播策划的特点

1. 创新性

电视新闻传播策划的灵魂和第一要义是创新性，以节目的运作规律为主要研究对象。从电视新闻传播策划的实质来看，策划的最大目标是实现新闻产品创新。例如，某栏目在宏观策划时，客观地审视了自身作为省会城市地面频道的特点，策划中强调贴近基层群众的理念，大胆创新，以新闻与服务的特质吸引市民关注。这档节目之所以能够成为闻名全国的民生新闻先驱，离不开新闻节目的理念和贴近受众的深层次转变。

2. 前瞻性

前瞻性是电视新闻传播策划的重要特点，即运用超前思维，"对客观事物有着较好的认知能力，可以用历史的眼光看待时代的发展，了解事物的发展趋势，能够比其他人更快捕捉到新闻点，从而实现新闻报道的先发制人"。如 2008 年 10 月 6 日，西藏当雄县发生 6.6 级地震后的第二天，中央电视台新闻频道《新闻会客厅》栏目，在分析并把握广大受众因"汶川地震"而受到惊吓的心理基础上，前瞻性地预判到受众可能会对国庆假期发生的地震感到恐慌，从而经过策划推出《从容应对地震活跃期》节目，在节目中由专家分析地震的原因和趋势，这对当时稳定民心起到了很好的作用。

3. 可行性

电视新闻传播策划在具有前瞻性的同时，还不能脱离当下的情境，即现有的政治环境、物质基础、人力资源、文化条件等，让新闻策划的可操作性更强。

4. 系统性

新闻策划需要一个良好的系统性思维，这要求新闻工作者，从宏观上更加全面地看待事物。从横向上看，电视新闻传播策划是一个有层次的系统过程，不仅包括宏观层面的策划——对频道及栏目的设计、规划，也包括微观层面对具体栏目或节目的策划。从纵向上看，系统性思维是策划过程中不可或缺的，需要贯穿在电视新闻选题、采访、编辑、播出的各个环节。系统的电视新闻传播策划过程需要统筹全局，对报道形式、人员配置、播出方式和效果评价等作出全面系统的规划。

（五）新闻传播策划的对象

1. 电视新闻报道的策划

内容才是真正的王道，内容对于文化产业而言是制胜的必备法宝，对于新闻传播而言也是同样的，新闻报道的成功首先需要成功的新闻策划。策划的一般过程包含：一是利用比较选择的方式来挑选新闻策划的主题，在题材的选择上要尽可能地选用较为新颖的切入点，为了更加贴近受众和人们所关注的民生问题，在挑选新闻事例时要尽量选择具有较强代表性的事例。二是根据策划方案的要求来完善前期的各项准备。三是利用报道形式和角度等的选择来制订最合适的新闻策划方案，在方案制订时为了保证遇到突发问题时可以及时处理和应对，最好是准备多个不同的方案。最后，在具体的策划中，要按照实际情况对方案进行调整和改动，在完成新闻报道后实时反馈策划方案的实施结果，归纳总结相关的经验教训。

2. 新闻节目宣传片的包装

电视新闻内容虽然是吸引观众持续关注的看点所在，但一个美观的外在形式能够更好地衬托新闻内容，起到锦上添花的效果，能够让观众在众多选择中一下就被吸引住，从而获得更加良好的社会效益和经济效益。新闻节目应有自己鲜明的主题、适宜的字幕包装，也需要有专属且突出其特点和精彩点的宣传预告片。还应注意，形式是为内容服务的，因此需要根据电视新闻节目播放的地域特色和内容特色来确定预告片的基本格调。

3. 新闻节目的特技运用

特技在现代人看来并不陌生，是丰富影视艺术作品画面的常用手段。运用特技的目的就是使画面的解说性更强，让观众能更形象具体地理解，特别是动画特技，如一些危险的犯罪现场，如果无法重新排演还原，也没法捕捉到现场关键性画面，这时通过动画特技制作来模拟完成，并配合主持人的讲解，就能够全面且真切地还原新闻现场的全部过程，形象的画面也会让观众过目不忘。

4. 主持人形象的艺术包装

新闻节目的门面是主持人，主持人的形象在一定程度上决定了电视观众对电视媒体的直接印象。新闻主播人不仅是作为有个性的个体存在，同时也以一档节目代言者的姿态存在着，所以对于主持人的形象可以适当地进行包装，而且在节目中主持人也需要时时注意自身的言行举止。在信息化的时代，个人的言行仪表都会一不小心就被大众传播出去，良好的言行能够提升自己所主持节目的形象。如柴静、白岩松等主持人就在观众心目中留下了知性、客观、有强烈责任感的形象，因此他们的节目都会有较高的收视率和评价。所以，在电视新闻传播策划的过程中，对新闻主持人的形象包装，也是增强电视新闻传播效果非常重要的方面，是传播策划关注的对象和项目之一。

二、融媒体时代对新闻传播策划的影响

融媒体时代，受众只需要一部联网终端，无论是智能手机、平板电脑、PC还是互联网电视，都可以随时上网搜索点击自己感兴趣的信息或者节目，真正意义上实现从新闻被动接收者，开始转变为根据自身需求和兴趣去搜索信息来源的主动吸取者，通过这些设备，信息的评论和回放也变得非常及时易得，这是传统的电视新闻所不能实现的。因为时代的发展，资讯获得的渠道也在不断地增多，新闻报道的价值也变得更加廉价。正如某学者所言："人们同媒体之间的接触是多元化的，新闻并不是人们对于媒体的唯一需求，娱乐和社交等方面都是人们对于媒体的一种需求……新闻，甚至沦为最不经意的需求。"

（一）信息来源多元化

以往的电视新闻线索来源可以划分为两大块：一是每个新闻节目固有的热线电话，二是靠记者走出去扛着摄像机拍摄获得。但是融媒体时代改变了电视新闻线索的来源。

1. 新闻线索的来源媒介发生转变

依托先进的技术和良好的交互，微博、微信、新闻类 App 以及其他新媒体都已经成为新闻线索的第一来源。大部分情况下，新闻事件发生后，第一现场往往出现在人们的微信群或者朋友圈动态里。微博和微信这些沟通平台不但能实现语音沟通，现场位置等具体信息也可以利用这些平台实现实时传输，让记者在采访之前就能对新闻线索作出初步的评价。

2. 新闻素材的获取渠道发生转变

传统电视新闻的生产过程中，新闻素材的来源绝大多数是靠记者主动出击、亲自扛着摄像机拍摄获得。如果记者不到新闻现场采访，就没有画面，也就无法在电视上播出。

由于互联网的不断发展，智能手机和电视等慢慢地演变为一种大众消费品。

2022 年第 49 次《中国互联网络发展状况统计报告》显示，我国网民的互联网使用行为呈现新特点：一是人均上网时长保持增长。截至 2021 年 12 月，我国网民人均每周上网时长达到 28.5 个小时，较 2020 年 12 月提升 2.3 个小时，互联网深度融入人民日常生活。二是上网终端设备使用更加多元。截至 2021 年 12 月，我国网民使用手机上网的比例达 99.7%，手机仍是上网的最主要设备；网民中使用台式电脑、笔记本电脑、电视和平板电脑上网的比例分别为 35.0%、33.0%、28.1% 和 27.4%。

网络媒体和受众之间存在着非常密切的联系，尤其是原有的突发事件，记者因为时空等限制因素，最新的资讯往往很难在第一时间就能掌握，而对网络媒体而言，这样的时空限制不复存在。随着智能手机的升级和社交软件分享的便利，处在突发新闻第一现场的每一个目击者都可以作为"现场记者"拿起手机记录下新闻第一现场的原始画面，普通受众用手机拍下的这些原始视频，可以在电视新闻记者错过第一现场的情况下，成为电视新闻的第一手素材。而这些素材通过微博、微信以及大量的视频软件上传到网络后，新闻记者足不出户便可以轻易获得新闻现场的第一手资料，大大提高了新闻产品生产效率。

因此，如何在国家发展建设和人民群众生活的方方面面中，策划并做好有价值和有参考意义的新闻报道，是电视新闻传播策划者必须面对的挑战。

（二）受众流失与需求转变

以往的电视新闻主要是单向传播，所以受众对于资讯的接收是被动的，节目内容传达了什么，受众就只能接受这些内容。然而，在融媒体时代，随着传播载体和传播渠道变得越来越多元化，提供给受众的选择空间也越来越大。尤其是近年来互联网和智能手机的发展和普及，人们获得资讯的渠道变得多种多样，甚至只是轻轻点击就可以让人们及时地获得自己所需的信息和资讯。一条新闻可以通过多种途径运用多种媒介手段实现全方位的展示，同时，根据自己的收看频率和偏好，受众能够主动搜索节目和对节目观看进度进行控制，可以对感兴趣的内容任意回放。另外，新媒体的使用体现出的便捷性也让受众更加积极主动地参与到信息传播中来，更有利于社会公共信息的传播。这些新媒体的个性化定制服务正是电视新闻无法给予受众的，所以新媒体的受众在一定意义上可以看作是电视新闻受众的分流。

近年来，由于智能手机和平板电脑在中老年人当中使用的人数增多，中年网民数量出现了大幅增长，这部分网民使用手机阅读新闻、观看网络视频、使用社交软件的时间不断增长，与此同时，电视的收视时间也在逐渐减少。中央电视台在调查中了解到，35～44岁这个人群是主要收视群体，这几年收视率在逐年降低。而作为电视收视的主力人群之一，45～54岁的人群近两年收视量下滑趋势也越发明显。

三、融媒体时代新闻传播策划的发展趋势

在融媒体时代背景下，电视新闻传媒面临着新的挑战，只有重视和加强策划，才能促使其不断地改进和提升。由于独特的历史地位和现实使命，电视新闻传媒应当引导社会的舆论，宣扬社会主义主流价值观。同时，普通大众也需要通过电视新闻节目传达心声，了解身边或者国家国际大事，实现自身与世界的连接。因此，无论是实力雄厚的国家级、省级电视新闻节目，还是为区域服务的地方电视新闻节目，都应当立足于融媒体时代环境，以便更好地生存和发展。在未来的发展环境下，电视新闻传播策划有以下趋势。

（一）内容资源多渠道整合

1. 建设中央厨房[①]

中央厨房是主流媒体为了满足受众多样化的信息需求，提高新闻内容生产力，而架构的新型的技术保障和硬件基础体系，其目标是使新旧融合，通过一次采集来使得内容能够达到多种生成和多元发布的效果。大数据以及云计算技术的发展愈发完善，可挖掘大量的资源以及进行信息汇聚，中央厨房的建设探索成为融媒体时代的焦点，各大媒体先后探索建立中央厨房。

2. 建设融媒体云平台

近几年，电视媒体和新媒体正加速融合，构建全媒体内容和采编运营的融媒体云平台，利用云计算和大数据挖掘技术，实现上下联动内容共享，将电视新闻的内容优势发挥到极致，是未来电视新闻传播策划重要的发展方向。

3. 内容生产个性化

融媒体时代，受众的要求越来越高，对个性化内容的需求越发强烈，而常规的新闻内容已经是相当常见，这就使得电视新闻在生产内容时应当尽力做到特色化以及个性化，在坚持生产高品质专业化新闻的同时，将用户思维和互动思维融

① 郭坤. "中央厨房"新闻内容创新实现路径探究 [J]. 新闻世界，2017（6）：49—53.

人采编生产的各个环节，生产更多个性化的新闻。未来，更多有针对性的、量身定做的新闻内容，会像一件件产品一样点对点地推送给受众，电视新闻的传播也比以往任何时候都要精准。

（二）新技术带来新体验

移动互联网时代，技术的日新月异使得多元化的事物层出不穷。

第七次信息革命是智能互联网，而 5G 是第七次信息革命的基础。随着 5G 时代的来临，智能手机不断地更新换代，软件应用的普及让直播不再是电视台的专利，只需要一部联网的智能手机，任何人都能随时随地开始直播。由此可见，电视与手机联动直播也不再是什么难事。

技术的进步将原来不同介质的传统媒体实现了相互连接，甚至社交、电商等这些看似风马牛不相及的元素也与电视媒体实现了融合。由于技术的进步致使电视自身边界不断消融，与此同时越来越多的发展机会不断涌现。此后，跨界融合这个字眼开始进入人们的视线，带给电视媒体不一样的现状以及未来。

（三）社交元素融入付费成趋势

传统电视新闻融入社交元素，是融媒体时代电视新闻传播策划未来的大趋势，电视新闻融合社交元素后，通过社交平台与受众实时互动能够产生大量的新鲜内容，这些内容又可以作用于电视新闻的再生产。同样的，这些新鲜的新闻内容又能引领社交话题的再延续。社交元素的融入，可以让电视新闻沉淀积累以前几乎无法掌握的用户大数据，大数据挖掘使得电视新闻更加注重个性化的生产，电视新闻的媒介价值也得以提高，受众的收视黏性增强，电视新闻节目收视率也呈现上升趋势。同时，对用户大数据的分析，能够帮助电视新闻广告主更加精准地投放广告，也可以与电商合作开展场景销售。社交元素的融入不仅增强了电视新闻与受众互动，更为传统电视新闻创造了新的商业模式，是未来电视新闻传播策划不容忽视的选项。

第五章　新闻传播效果与社会功能

新闻传播的直接功能是人们在社会中可以直接感知到的作用力，影响着人们对环境的认知。其深度功能则通过对人的社会化、经济的深入影响改变着世界的状况。这种深度功能建立在直接功能的基础上，是一种潜移默化的影响，但这种影响最为深远。新闻传播也会产生一定的负面影响，这也是新闻传播者和受者应该尽量避免的。

新闻传播媒介对社会的巨大作用可称为新闻传播的功能。新闻传播的直接功能是指新闻传播产生的积极影响，这种影响是直接的、明显的，人的感官可以很快观察到；其深度功能是指媒体对社会的积极影响是久远的、纵深的，能促进社会的深刻变革，人们在短时间内还无法把握。

第一节　新闻传播的直接功能

新闻传播媒介的直接功能使人们直接认识媒介的影响力，按照媒介的引导去思考和行动，提高人的行为的自觉性和目的性。直接功能来自媒介内容给人的思想和生活带来的变化，影响人们对环境的认知，以便更好地认识环境，适应或驾驭环境。新闻传播的直接功能，归结起来有以下几种。

一、提供信息，沟通情况

传送和接收信息是传播的基本功能，这是其他功能与作用的基础。新闻传播媒介的所有其他功能都是在信息功能的基础上产生的。人们之所以需要新闻传媒业，最主要的就是为了从中获取各种与自己利益相关的信息。新闻传媒业发挥沟通信息的作用，不但通过刊登大量的新闻，而且还通过评论和广告予以实现。人们获得的信息越是丰富和优质，就越能够判断正确、预见准确，活动的选择余地就越大。从小处来说，人们需要了解衣、食、住、行等方面的最新行情，在丰富物质生活的同时，人们对精神消费也有了更高的期待，因此更多的关于娱乐、健身等方面的信息也出现在新闻传播当中。从大的方面来讲，个体与组织、社会与国家、经济实体，都需要随时了解世界的变动情况。在现代这个信息社会中，生产技术的发展、科学知识的更新、社会生活的变化，都呈现出前所未有的速度。人们之间的交往日趋频繁，联系越来越密切，这都需要掌握各方面的信息，以便随时调整自己的言论和行动，适应情况变动的需要。

与传递信息相联系，沟通情况也是新闻传媒业独特的社会功能。新闻传播媒介通过提供大量的信息，做到上情下达、下情上达。同时，政府和各职能部门知晓群众的愿望、意见、批评和建议，新闻传媒真正成为信息沟通的"纽带"和"桥梁"。

在现实社会中，新闻传媒还扮演着"瞭望者"的角色，引导人们齐心协力地适应环境，共同克服环境中的不利因素。这一作用由以下环节构成：一是提供环境信息，使人们正确认识环境；二是使社会各部分通过适应环境而建立相互联系，协调行动，促进社会整合；三是通过不断积累最新信息，形成人类的生存经验，建立社会行为规范。

总的来说，提供信息、沟通情况是新闻传媒业最主要也是最基本的社会功能。新闻传播每日传递着大量的信息，能使个人认知环境变动；能够为组织机构的决策提供参考和依据；能使社会沟通情况，交流意见，实现政治民主化、决策科学化、社会运行良性化。当然，这些功能的实现需要一定的物质和制度环境的保障。

二、监测环境，引导舆论

新闻传播媒介监测环境与引导舆论的功能是密不可分的。新闻传播媒介通过及时、快速地对外界环境的变动情况进行了解，报道自然环境、社会环境、政治环境、经济环境等方面的最新状况，在把握客观事实的基础上，实现舆论监督的功能。

（一）监测环境

自然环境与社会环境是不断变化的，新闻传播及时地把外界的变化告诉人们，给人们提供生存的经验和教训，提供一种行为方式，从而促使人类社会保证本身的生存和发展。

媒介通过源源不断地传递方方面面的信息来反映社会各方面的变动，延伸了人的视觉和听觉。"人们从新闻传媒上了解各种新信息，扩展视野，随时知道周围环境的变动，预防或应对可能遭遇的不幸事件，这就是媒介守望环境的功能。"新闻传播媒介对社会起一种"瞭望哨"的作用，成为人类活动的守望者。新闻报道的内容涉及自然环境、社会环境、经济环境和国家环境等各个方面，对这些方面的情况做出及时、全面的反应，对监视人类的生产环境有特殊的警示意义。

19世纪末，西方建立了发达的机械、化工和石油企业，人类的生存环境受到了严重的影响，环境新闻开始出现在美国的报刊上，提醒人们对这一现象进行关注，同时在报刊的推动下掀起了"自然资源保护运动"。到20世纪后半期，多数媒体重视环境报道，环境新闻更是大量涌现。在环境新闻的引导下，人类守卫家园的共同行动孕育出一种"绿色意识形态"，"世界地球日"运动及一系列环境立法，形成了一套有关环境的理论。在这个过程中当代传媒发挥了重要的守望功能。

（二）舆论监督

舆论监督具有公开性、传播快速、影响广泛、揭露深刻、导向明显、处置及时等特点和优势。这使得它虽没有强制力，却在一个国家的经济和社会生活中极具影响力。

1. 新闻传播媒介实施舆论监督的条件

新闻是舆论形成的基础和依据，新闻传播机构总是以最快的速度将最新发生的事件报道给社会，人们了解到事实的真相后，就会做出评判、发表意见。在民主制度的框架里，新闻传播媒介要进行舆论监督，其首要的条件是信息公开和言论自由。新闻舆论监督有赖于两个基本条件：一是提供足够的舆论信息，即可以形成舆论的事实和情况，使人们对经济生活及社会生活有充分的了解；二是在拥有信息的情况下，对各种经济和社会现象及有关人进行理性的、坦率的评论。

公开是民主制度必备的程序，是现代民主的基本前提，也是新闻舆论监督能够发挥作用的前提条件。这一方面要求新闻媒体主动地去满足公众的知情权，推动各项工作运作的公开和透明；另一方面则要求管理机构通过新闻媒体，使公众对与其自身利益有关的事物有充分的认知。公众只有充分了解事物的情况，才能够形成对事物的看法，进而交流关于事物的观点，形成舆论，实施舆论监督。

2. 新闻传播媒介的舆论功能

新闻传媒的舆论功能表现为正确反映舆论，让社会公众通过媒介接触舆论信息。就我国新闻传媒业来说，表达社会舆论，就是反映人民的声音，将民众的愿望、意见、建议等通过新闻传播媒介传递给社会。管理机构在把握社会民情动向的基础上，调整方向，改善和加强领导作用。由此可见，新闻传播媒介在发挥舆论监督功能方面，有其独特的地位和作用。

（1）反映社会舆论。首先，舆论是新闻报道的重要内容，新闻媒介对社会热点问题的许多报道，大多是社会上已经形成的舆论，如物价问题、住房问题、精神文明建设问题等。人们对这些问题的态度、看法和评论，往往都是新闻报道的重要内容。其次，"新闻传播活动为舆论提供了存在和发展的空间和舞台，是社会成员之间在最大范围内自由讨论、广泛交换意见、表达民意的最有力工具"。只有新闻传播关注舆论，才能使公众得到舆论的整体形态，舆论只有通过新闻传播媒介的报道，才能获得宣泄和疏导。新闻传播所反映的社会舆论能形成一种无形的精神力量。当新闻传媒业正确地反映舆论，社会舆论就会形成推动社会前进的巨大的精神力量。

（2）引导舆论。新闻传媒业对舆论的反映并不是消极被动的。一般而言，新闻传媒总是从本身的立场出发，洞察舆情，审时度势，积极引导舆论向有利于国家、社会和本身的方向发展。

（3）实施舆论监督。现代新闻传媒业的形成和发展，一直伴随着民主的建设过程。民主对权力运作的约束，要求公共权力具有公开性和透明度。在民主的格局中，人民以其知情权和言论自由权参与国家各项活动，并监督公共权力的运作，而人民行使这种权力依靠的就是现代新闻传媒与舆论监督。

三、整合社会、传播形象

借用整合营销传播中的一句话"one sight，one sound"（一个主张，同一个声音），新闻传媒通过信息传播促进社会整合，协调社会，促使社会呈现"和而不同"的面貌，并在对外传播的过程中，传达一个国家和民族的声音。

（一）进行社会整合

大众传播的公开、广泛和迅速，使之可以产生强有力的宣传作用。新闻传播通过宣传，实施联络、沟通和协调社会关系的功能，实现社会各组成部分之间的协调和统一，从而有效地适应环境的变化。

对内而言，通过宣传使国家的方针深入人心，影响人们的思想，指导人们的行动。同时还可以通过宣传鼓舞信心、凝聚人心、促进稳定、树立国家形象；通过对普及经济、法律等知识的宣传，可以树立民主政治观念和改革开放的思想，提高公民的法律、道德、文化、人格素养。企业和产品也可以通过宣传来树立本身形象、发展品牌、指导消费、帮助流通。

一般而言，新闻传播强大的宣传作用是通过反映、影响、引导社会舆论来实施的。新闻传媒业的宣传通过社会舆论获取力量，又通过宣传来形成新的社会舆论，从而来影响人们的思想和行为，并在这个过程中，实现社会整合的目的。

（二）传播国家形象

各个国家的新闻传媒都具有对外传播、公众外交的功能。对外宣传能够树立国家与民族的形象，影响国际事件与国际合作，争取各国民众对国家形象的认同。

公众外交包括两个渠道，一是各国民众和非政府组织进行的民间友好往来活动，二是由新闻传播媒介面向他国公众进行的宣传活动，政府控制的国际广播始终发挥着公众外交的职能。

四、审美文化功能

新闻传播活动是构成人类文化的重要组成部分。因此，要全面认识新闻的规律及特征，就离不开"文化"的视角。随着现代科学技术的不断提高和物质生活的日益丰富，人们在审美方面的需求也越来越迫切。

（一）新闻的文化功能

新闻具有文化属性，新闻传媒对于文化的传播和发展起着举足轻重的作用，新闻所传播的不仅是信息，更重要的是它所包含的精神和价值。它通过新闻节目，以法律、道德、行为规范等社会文化的不同程度的引导，潜移默化地使人们确立一种健康的、向上的社会精神。新闻传媒业的文化价值，便是新闻工作者以广大受者代言人的身份，通过丰富的表现手段而进行的一种文化选择。

文化的核心是价值体系，是在一定价值观念支配下的人的行为模式、行为成果以及象征符号。一般而言，新闻传播媒介能够用主流价值观影响受者，凝聚民心。可以说，新闻传媒所承担的主要使命是一种文化作用，即培养观众对既成事实接受和确认的态度倾向。

新闻和媒介作为文化的形态，除了具有文化的物质层面、制度层面的特点外，还具有精神层面上的社会价值及文化意义。而且作为新闻的精神内涵，又具有十分重要的文化实践功能。具体说来，新闻传播媒介主要在以下几个方面发挥了文化精神作用。

1. 新闻的舆论价值取向

一切文化的核心都在于其价值体系。新闻传播作为人类文化的一种精神产品，主要通过舆论导向和文化引导两个途径发挥其作为新闻文化的力量，即新闻传播媒介不仅传播国内外各类新闻信息，还具有创造良好的舆论环境、引导受者正确的文化价值取向的作用。因为"文化不仅是人化、社会化，也是人的意识化。而价值取向无疑是人的意识的重要组成部分。但文化的传播不能采取决然的灌输,只能潜移默化地在价值取向上不断引导。也只有确立了正确的价值导向,才能在电视文化传播中体现出极大的主动性和明确的目的性,有意识地按主导价值体系对社会成员的发展方向做出社会性规范"。

2. 新闻塑造健全的人格

所谓健全的人格,是指认知结构(真)、伦理结构(善)、审美结构(美)三位一体的人格结构。"道德的抑制不涉及行动的外在结果,而只涉及它们的内在结果,不涉及动作所附属的偶然的后果,而只涉及动作自然产生的后果。"新闻传播在整个国民文化素质和文化品格方面,发挥着塑造健全人格的不可或缺的功效,这甚至直接关系到一个国家的生命力、凝聚力和创造力。

3. 新闻增加媒介的文化含量

关于文化含量,有两重意义:一是指涵盖一切事物的范畴;二是指深层的精神文化内涵。新闻文化作为主要传达新闻信息的媒介,其涉及的领域也是丰富多彩的,不能仅仅界定在新闻的舆论导向上,还必须对其深层文化意义加以考察。

这里所说的文化问题,主要是指精神文化层面的,如价值观念、审美趣味、道德情操、思维方式等,是一种深层次的文化内涵。

(二)新闻审美价值追求

新闻报道应尽量采用审美的思维方式,这已经成为时代发展的一种必然。"新闻主要是靠文字、画面和声音等作用于人的感官的,其传达的形象性、感染性对受者的心理印象激发程度如何,就与新闻表达技巧的艺术性、审美性密切相关。"现代受者也试图在从各种传播媒体获得信息、知识的同时,获得精神上的美感与视觉享受。这就要求新闻制作者在思维方式上采取开放式的态度,即需要视像思维、对立思维、多向思维、情感思维等多种思维方式的综合运用。

1. 新闻报道的审美思维

审美思维是艺术创造和表现过程中的基本思维方式,是审美心理与行为操作的统一。它不仅能够直接满足审美需要而引起愉悦,还能提高自由地把握和创造形式的审美能力,进而引向现实人生,淡化或缓解现实功利人生中的困惑、矛盾,有助于社会有序、稳定的发展。

因此,新闻报道也就需要以审美思维的方式去捕捉现实生活中的人物和事件,并以客观的形式加以如实报道。即使是新闻事件的现场报道,也包含着新闻工作者对事件内容和表达形式的筛选、加工,这中间包含着记者、编辑们对现实生活审美感知、审美思维的过程。具体来讲,新闻主要有以下几种审美思维形式:

（1）视像思维。它是一种形象思维的活动，是运用表象进行智力操作的活动。它以具体可感乃至可视的形象来叙述事件，进而表现整体形象的某些意义。这里所说的视像思维，不同于一般的、普通的形象思维。它是一种艺术活动的思维形式，即审美的视像思维。它不仅以其鲜明、生动的直接可感性与具体性为特征，而且是一种包含着创作者主观感情的意象思维过程。基于这样一种思维，新闻的制作应该具有事件的具象性、现场的真切性和传播的动态性。

（2）情感思维。新闻报道的视像思维并不止于展示客观事实，还在于通过感性形式、情感判断去认识和表现新闻事件的善恶内涵。所谓情感思维，是指贮存在记忆中的高级情感反作用于现实客观对象的思维形式或心理过程。当新闻工作者进行情感思维时，就是以记忆中的理性因素、道德因素和审美观念这些高级心理情感为尺度来衡量各种以直观形式感知的现象，进而做出取舍、组合的新闻报道。

（3）创造性思维。是指运用已有的知识经验，凭借人的情感力量，通过创造性的想象，有意识地将记忆表象重新加以提炼、加工的过程。它是从一般思维中升华出一种富有价值性的思维形式。新闻传播的创造性思维突出地表现为对事实信息的感知、捕捉、提炼和制作传播之中。同一事物的不同报道以及对不同事件的不同发现和报道，都是传播者创造性思维的表现形态。

2. 新闻的形式美

如果新闻报道运用一定的审美思维，就能使新闻工作者对所报道的事物产生不同于一般的感受，若将这种独特的感受化为具体的画面形象，则又涉及新闻的表达形式问题。形式和内容从来都是无法割裂的一种对应关系。没有内容，形式无以表现；没有形式，内容无以依托。我们强调"内容为王"，但是形式的更新对受者永远都具有难以抵抗的传播力。

所谓新闻的形式美，就是以新颖、吸引人的表现形式来传播真实而又新鲜的新闻事实。它能够"以多种形式、手段、多方面地反映和概括客观现实的美，使新闻的美表现为新闻报道的内容全面而又真实、形象、深刻，具有感染力、冲击力和征服力，这就是新闻的表现形式美"。形式美可以通过新闻的画面美和声音美来具体体现。

3. 新闻的内容美

所谓新闻的内容美，是指反映在任何新闻作品中的一切社会生活现象所具有的审美价值。一般来说，新闻的内容美，一方面表现为真实美和意境美，而真实又是其中的统帅和灵魂；另一个方面是新闻的哲理美。所谓哲理，是指包含在新闻作品中深沉、含蓄而不外露的哲学理念。新闻报道渗透了这种哲理性,其思想深度就能在无形之中得以加强,受者也会在接收过程中不知不觉地受到潜移默化的影响,由此激发受者对时代、社会和人生的追索与探求。有些新闻能提供娱乐,起着陶冶性情的娱乐功能,是指引起受者兴趣并使之产生快感的新闻。软新闻大多具有娱乐的特性,新闻传媒传播奇闻轶事、风土人情、文娱节目等趣味性内容,给受者以高尚情趣的享受,从而培养、提高受者的欣赏兴趣和水平,满足受者的好奇心。新闻传媒对受者生活态度和生活信念的疏导引领,必然会对社会稳定产生良性作用。

娱乐是人类生活的重要组成部分。我国新闻传播媒介对媒介娱乐功能的认知经历了由淡漠到重视的变化过程。互联网出现以后,通俗文化如潮水般涌向世界各个角落,传播通俗文化的新闻传媒变多,富有娱乐性的软消息得到受者的关注。媒体娱乐性内容的传播,能够激起受者的质朴兴趣,使人获得精神和情感上的满足。积极健康的娱乐信息传播,也是引导受者进行品德修养与道德追求的大平台,媒体提供的戏剧性典型,让受者在娱乐中认识了人性的美德。在传播过程中,传媒的"社会责任感"是通过与社会道德建设相一致的正向道德观与价值观的彰显和渗透而实现的。娱乐报道以其特有的公共属性承载着社会责任和意识导向,传播高尚、幽默、智慧、知识和体力的健美,给受者提供欢娱,引导人们建设一个互尊互爱的社会。

第二节 新闻传播的深度功能

新闻传播的深度功能,主要包括培育人的社会化、推动社会经济形态的发展等。这些功能对人类社会各方面的发展产生了深刻的影响,构成了社会发展的意识动力。

一、培育人的社会化

在对新闻传媒的相关研究中发现,当下人的社会知觉大部分来自传媒,大众传播的影响加速了人类的早熟。由于人的社会化加速了对媒体的影响,人的智力迅捷地累积起来,每隔几年就把人类意识推向一个新阶段。传媒和人的互动加速了人的社会化,直接影响到了社会主体的活力,最终成为社会演变源源不断的动力。"所谓社会化就是指作为个体的生物人,通过社会交互作用,学习社会文化,参与适应社会生活,成长为社会人的过程。具体来讲,社会化包括两个方面的含义，一是个人在社会中通过学习活动，掌握社会知识、技能和规范，取得社会成员的资格。二是个人积极参与社会生活，适应社会环境，再现社会经验。因此，人的社会化是个人学习社会与参与社会的统一。"① 人们无论是学习或是参与社会生活，都无法避开大众传媒对人的意识和行为的作用、影响。

（一）媒介为人的社会化提供支撑

人类从蒙昧无知走向文明，其间依靠不断地从外界汲取信息、交流信息，最终过上了有意识的群居生活，形成社会。传媒在其中最大的推动作用是让人了解世界，也更深刻地了解自己。也就是说，传媒指引人们如何做人，做一个什么样的人。

1. 媒介促使人们明确生活目标与手段

人的社会化从幼年开始。在大众传媒发达的社会，社会化的进程不仅大大提前，而且加快了速度。新闻传媒给人类提供了包括谋取物质生活资料的劳动方式乃至整个生活方式，比如婚姻家庭形式、人们之间相互关系的形式、社会的管理方式、社会的统治方式等。各类新闻报道告诉人们，这一切都是在人们的相互作用下，在社会互动中逐渐产生的。传媒把个人的生存目标和手段传授给别人，是个人的社会化；其结果是使许多人掌握社会生活的规则和技能，形成整个社会生活的社会化。个人受到社会影响的过程，就是其社会属性形成的过程。

在传媒的影响下，人们懂得主动进行本身社会化的尝试，从而逐渐认识个人如何与社会建立紧密的联系，取得被社会认可的地位。同时传媒不断向人们传递某种理念，使人们认识到必须遵守一致的规则，才能共同生活，这是群居生活的必要。更为重要的一点是，新闻传媒及其传播内容对世界具有反应能力，以抽象思维、逻辑思维、形象思维指导受者的行为，从而使受者采取有理性的行动。传媒促使公众产生情感反应，辨别是非善恶，形成态度和价值观，为人们认识生存目标和生活提供了可能，也为人类认识本身提供了可能。总之，传媒在促进人的社会化的同时，也培养了人自立于社会的能力。

2. 培养人的个性化和价值观

社会化的过程，是使人们形成一些进行社会交往的共性的过程，但其中也有个性的获得。人们在社会化的本质相同的过程中，所获得的结果是不同的，表现为个人兴趣、性格、气质等的差别，以及个人的思想、意识、觉悟、品德的差别。

---

① 李芹. 社会学概论 [M]. 济南：山东大学出版社，1999.

新闻传媒培养人的社会化，更多地表现为培养人的个性，以鲜明生动的各类人物命运感化、塑造受者。个人的特殊素质，在本身生理基础上通过社会实践形成和发展，也是个人社会化的产物。人们对具体生活环境的判断很大程度上依赖于大众传媒构建的拟态环境。

人的活动实现了自然界的价值，也形成了社会价值，但这类价值在每个人那里是不一样的。正因为价值不一样，每个人的价值观也是大不相同的。人类共同创造的所必需的知识、技能和行为规范如果是在传媒中获得，从某种意义上说，个人的社会价值观也是在传媒中获得的。传媒提供了种种社会价值的范例，让人们逐渐认识到自己的价值观将有可能成就哪种类型的人生。

3. 提供人的发展方向

大众传媒可以指出人类的发展方向，描述人本身的发展。典型人物报道是我国一个独特的新闻类别，它在不同的历史阶段也经历着一定的变迁。大众传媒通过对"雷锋""铁人王进喜""焦裕禄"和"任长霞"等各行各业优秀人物的报道，为受者提供了学习的典范，对个人的发展起到了一定的积极作用。新闻传媒一般是从人的社会关系的角度来展现人的发展。社会关系实际上决定着一个人能够发展到什么程度。就人本身而言，他同自然、社会和自身的关系也存在一个由"片面"到比较"全面"的过程，并在这个过程中不断完善自身，促进自身的发展。

(二) 媒介文化的中介作用[①]

社会从本质上讲是文化的，离开了物质和社会意识层次的文化，社会就不存在，剩下的只有一个动物群。由此可以说，人的社会化是指人借助文化构成社会主体，传媒文化是人实现社会化的中介。个人与社会的关系既涉及个人如何组成社会，又涉及个人如何在社会中获得承认，人类由于有了文化，再经过传媒的沟通，个人、文化、社会之间保持着永久的相互作用。

1. 媒介文化对个人的影响

在现代，个人从孩提开始借助媒介文化接触社会。媒介文化是指媒介的传播内容及运作方式所构成的特殊意识形式及其载体活动。人与人之间发生的经济关系、意识关系都属于文化，通过这些文化使人与人组合成拥有特定经济制度的社会。媒介文化可以解释为文化的"媒介化"和媒介化的"文化"。媒体传播内容可视为由不同文化构成的拟态环境，对人的社会化发挥作用。媒介文化具有开放

① 刘建明. 当代新闻学原理 [M]. 北京：清华大学出版社，2003.

性、多元性、包容性和多样性，新闻报道通过大量介绍人的社会角色和文化交往，使人们能够实现较为全面地接触和认识社会。

通过媒介文化中介的作用，实现个人对于社会的全面接触，人才能认识社会的现实面貌。社会通过文化造就了人，并通过媒介文化使人选择优秀的生活方式，保证人类文明得以延续和发展。此外，个人和社会通过媒介作用于文化。在这个过程中，文化成了个人和社会共同作用的对象，文化本身成为人活动的目的。但这必须由媒介反映人的创造力和社会活动，使文化发生变化，在这个变化中人也被改造。

2. 媒介文化对个人观念的改造

媒介文化作用于人，归根结底是对人的理念的改造。个人从家庭、学校到社会，在文化的影响下，主观世界不断丰富和发展。人的观念演变是个人成长的灵魂，贯穿着外部文化的不断渗入，其中大众传媒是主要的信息来源渠道。意识文化在媒介传播中依赖于语言，或者依赖于图像和音符而存在。个人借助媒介获得历史和现存文化的熏陶，通过个人的体验，转变为自己头脑中的意识，进而转化为自己的行为。

媒介文化对人的观念的作用有两种不同方式。第一种方式是文化事象的作用，即通过文化事实引起人的自觉活动而被人所掌握。新闻中的事象是一种显示性文化，如要被人所掌握，需要通过模仿来完成。这也就是说，媒介所传递的文化行为被人所模仿，由此掌握了各种活动的本领，即接受了其中所蕴含的文化范式。人类的生存方式作为行为文化，多半通过事象文化的作用传授给他人。媒介披露的鲜明事象使人印象清晰，随之使人产生某种观念。第二种形式是媒介文化的显意识作用。人在社会中生活，各种文化观念无不作用于人的意识，唤起人的清醒认识，转换为鲜明的观点，形成人的思想倾向、方法和思维习惯。媒介文化作用于人，最终是要形成观念，包括知识观念、意向观念和决策观念。个人心理对媒介文化也具有导向作用，使文化在公众意识中转换形态，产生崭新的文化成果，再通过媒介语言传播于社会之中。

3. 媒介文化的建设与发展导向

媒介组织作为社会舆论的掌控者，理应大力宣传社会规范，用文化理念引导社会行为的方向和规则，发挥强化社会凝聚力的功能。新闻传媒不断进行文化引导，就能形成大众的共同认可和行动。比如清明节祭扫烈士墓、瞻仰历史圣地、参加国家性庆典活动等。

媒介文化能够影响许多人的活动，也能够改变一个民族、一个团体或有某种一致信仰的群体的行为。民族身份是长期认同建构过程所产生的结果。无论在个人，还是在族群层面，这种认同从来都不是一劳永逸的，需要在不断地再生产过程中，在与外部社会因素的协调和冲撞中，予以确认和加强。"互联网，以其游走于'整合'和'断裂'之间的巨大张力，对包括族群认同、地域认同和国家认同在内的多维文化认同体系的整合可以产生更广泛的推动作用。"[①] 互联网的传播，打破了民族社区的封闭性，自然的社会化链条被击断，因此民族身份的建立更多地需要建立在对于他人与自身的关照之上。同时，吸收更多的外来优秀文化成果，构建多样化的价值观体系，这样也就促成了民族地区多维认同体系的形成，这就是媒介的文化导向与建设作用在发挥力量。

二、推动经济形态的发展

"经济形态是指一国的经济是自然经济还是计划经济或商品经济、市场经济。"[②] 经济新闻报道可以从狭义和广义两方面理解。"从狭义角度来说，经济报道是指对财税、金融、市场贸易、行情等各方面经济生活的报道；从广义的角度来说，包括人们经济生活的方方面面，还应包括工业、农业、交通、基建、消费等更广泛领域的内容。"[③] 经济报道和经济评论，揭示了社会的经济运动，让人观察到经济的发展方向。媒体可以告诉受者经济发展的状况、存在的问题和如何克服这些问题。媒体的经济报道加强了人类的经济联系，这种直接功能的日积月累，使媒体能够揭示经济形态有规则的变化，从而表现传媒影响经济制度变革的深度功能。

（一）展示经济的发展动力

18世纪初的欧美报刊，关于珍妮纺纱机、风力动力机、蒸汽机及各类手工工厂的报道比比皆是，走出手工磨坊的工业繁荣成为报刊上的壮丽景观。这些新闻表明：自从装上"科学技术"这个强大的发动机，人类历史的车轮开始加速，新兴生产力对社会制度和意识形态产生了不可估量的影响。其中，新闻传播媒介的经济报道指引人类深刻认识社会结构，对提高生产力、改造社会发挥了巨大的功能。

---

① 陈静静. 互联网与少数民族多维文化认同的建构——以云南少数民族网络媒介为例 [J]. 国际新闻界，2010 (2)：13.

② 章福宁. 高祥钧. 财政与税收 [M]. 武汉：武汉出版社，1998.

③ 中共广州市委宣传部，广州市新闻出版和广播电视局. 媒体责任与公信力 [M]. 广州：广州出版社，2006.

1. 揭示需求与经济的关系

大众传媒的经济新闻报道，实际上就是社会需求与经济增长关系的一种表述方式。经济新闻或通过单一的生产行为和产品市场化，透视需求与生产的关系和现状；或通过宏观经济政策与经济结构，反映社会与经济关系的变动及其构建。大众传媒的经济报道和评论解释了人类社会发展的实质，即人类历史就是从物质生产和物质需求不平衡到不断平衡的历史，揭开了人类的需要、经济的满足、生产力和经济关系互动的发展过程。

2. 反映经济形态的构成

从新闻报道的事实中我们可以发现，生产力从来不是单独起作用的动力，生产力始终是在一定经济形态下发展的。经济形态对社会发展的作用，最明显地表现在对生产力的反作用和对上层建筑的作用力上。许多经济报道揭示了上述经济规律，引导人们正确认识和把握经济形态的变化规则。

生产力在其本身发展中并非一路顺利，有时突飞猛进，有时缓慢迟滞。造成这种现象的原因，主要和经济形态对生产力的加速或阻碍作用有关。生产力和生产关系构成一定的经济形态，二者可能形成统一、和谐的经济制度，也可能是分裂、冲突的经济制度，关键在于分配制度是否合理。

如果说经济形态在与生产力的作用与反作用的因果链中，处于第二性的地位，那么在与体制的作用与反作用的因果中，则处于决定性的、第一性的地位。经济报道所反映的经济形态的运动规则，能使人们把握整个社会的健康发展，这样经济活动就减少了盲目性。政府在管理经济中，可以更多地从研究媒体的经济报道入手，把握复杂多变的经济现象，找准政府的位置。

（二）预测经济形态的发展

大众媒体通过掌握一定的资料，可以预测经济的发展。事实表明，许多经济报道都揭示出未来的经济走势。一般来说，每篇经济报道都是对单一经济现象的披露和说明；在一定时期内，各种媒体的无数篇经济报道能够显示社会经济形态的发展前景，从而揭示经济发展的方向。

1. 报道新的经济形态

最近20年，美、英、法、德等国报刊上的经济报道不断证明经济学界的一种新发现，即新的资本主义经济形态的出现。研究大量西方媒体上的经济报道，可以发现，当代资本主义的经济特征发生了重大变化，出现了多元资本占有的现象。这些经济报道表明，媒体不仅是重要的经济成分，而且是经济形态发展的预言家。它所描绘的当代经济形态的主要轮廓是：

（1）生产力水平的提高通过大量经济报道来展示，许多国家的物质技术基础达到了空前的雄厚。

（2）媒体报道跨国企业和全球市场，描述经济贸易全球化的发展前景。

2. 阐释社会经济变革①

经济新闻在报道中可以为经济变革指出正确的方向，经济发展的动态性决定了媒介报道经济变革也处在永不完结的过程中，在经济转型时期，新闻报道尤其担负着探索经济变革的重大任务。

媒体经济报道的内容要迎接世界性市场经济一体化浪潮的挑战，在企业和消费者、权力层和人民大众之间发现新的经济思想。经济报道可以从以下几个方面以最新的视野诠释经济现象：第一，科学地报道经济体制改革的目标。第二，经济报道引导经济发展战略的调整。

3. 后工业社会的经济报道

在工业社会里，机器占主导地位，进入 21 世纪，人类陆续进入后工业社会，即进入以智能化产品为主导的社会。在这个时期，新闻传媒本身就是新型经济的重要部分，是社会经济结构中的重要组成部分。经济新闻通过大量事实说明后工业社会是一个"公共社会"，社会的单位是社区而不是个人或某个阶级主宰的，人们相互之间的联系更加密切。由于网络和运输技术的发展，许多国家变成了一个"全国性社会"，大量社会问题具有全国性规模，必须由"全国性社会"来解决。此时，媒体就充当了公共社会的纽带，能够扩充和保护公共领域。

在后工业社会，经济报道的主要内容是：①从传统产品经济变为服务性经济；②专业技术人员成为社会的主导阶层；③经济、社会发展依赖于科学理论，理论知识处于中心地位；④对技术的评价由单纯肯定变成伴有怀疑、否定的态度，批评唯技术论带来的副作用；⑤决策过程科学化，决策的基础转向"智能技术"②。

① 刘建明. 当代新闻学原理［M］. 北京：清华大学出版社，2003.

② （美）丹尼尔·贝尔. 后工业社会的来临［M］. 北京：商务印书馆，1984.

第六章　新技术在新闻传播中的应用

第一节　大数据与新闻传播

大数据又名"巨量资料"，指的是需要新处理模式才能具有更强的决策力、洞察力和流程优化能力的海量、高增长率和多样化的信息资产。本节将从新闻的发现、生产、传播、传播效果评估以及大数据存在的误区，讨论大数据条件下的新闻传播创新。

一、大数据下的新闻业

（一）新闻发现

互联网上产出的数据大多都简明扼要，因为细节内容过少的原因，新闻从业者很难发现其潜在的新闻价值。所以，能读懂数据语言同时发现其背后接连的新闻信息，并利用这些条件使新闻更为丰富可靠，成为新闻从业者不可或缺的职业素养。

比如在节假日，有经验的媒体记者能从交通信息网络平台上的公开数据中发现人们在不同节假日出行游玩的嗜好，以之编写预测性的假日旅游新闻，这就是实时的新闻发现。

（二）新闻生产

所谓的新闻生产，就是将新闻的专业术语翻译成大众能听懂的通俗语言。在这方面，大数据有两个作用：一是通过群众关注点的发现，将其关联的新闻信息提取出来作为新闻内容的素材；二是运用大数据独有的处理和显示技术，提升新闻的视觉冲击力与活力。

就第一个作用而言，事件发生的前期，新闻从业者即可通过舆论和大数据技术，发现群众对于同一件事的不同角度的信息需求。比如：某门博会上，一女子用"小黑盒"隔空刷开8家品牌智能锁，最快只用3秒，智能锁安全性问题迅速成为社会关注的焦点，不少智能锁厂家纷纷拍摄用小黑盒监测自家产品的视频以证"清白"。对于一些专业人士来说，万千家庭的安全、相关部门的职责划分、相关法律制度的执行等都是他们的关注点。新闻从业者可以以此来对新闻进行深加工。

第二个作用，即将量化的数据与定性的判断、生动的细节相结合，可以让新闻生产的效率与价值得到可观的提升。

值得一提的是，新闻内容生产时，数据的可视化技术与新闻从业者对于数据相关联信息的深度解读能力相结合，可以产生出人意料的效果。2015 年央视播报的"数说春运"可谓让人耳目一新，央视利用百度搜集到的人口移动数据，一方面，生动形象地展示了春运期间不同线路的人们移动的特点，吸引了人们的关注；另一方面，通过可视化数据发现了新特点。

（三）新闻传播

传媒在新媒体的驱动下发生了翻天覆地的变化，唯有精确、快速、有效的信息传递才能获得理想的传播效果。在新媒体时代，大众传媒完全可以借助大数据技术实现对新闻传播的精细划分。如此一来，既可以依据对群众需求的准确了解来生产新闻，又能使新闻实现效果最大化的传播。

例如：中国女排在 2016 年里约奥运会获得冠军，每个人都有不一样的关注点，有人关注总教练郎平，也会有人关注排球运动员；有人关注中国体育事业的发展，也有人关注女排能走多远。这样的内容完全可以放在女排夺冠报道主体内容之后的相关推送上。

二、大数据带来的新闻传播思维方式的改变

（1）大数据的思维方式是更多地关注相关性，而对于传统知识观中的因果关系并不过多关注。大数据思维的相关性能给人提供无数种可能，这种改变带来的是一场风暴式的思维革命，相关性让我们既能对过去进行历史的理解，同时也能够对未来做出合理的预测。大数据时代，在新闻传播中掌握这种大数据思维方式，我们并不一定要透过现象看本质，只要剖析正在进行或将要进行的事情，就能挖掘出重大的新闻线索，呈现出新闻的价值。

（2）进入大数据时代，全数据分析模式替代了简单的"样本分析方式"，大数据不再局限于微观层面的细枝末节，而把关注视野放到了更大的宏观和中观层面的趋势分析和预测。

（3）大数据时代，"理论"的重要性可能会让位于更好的数据算法和有效的数据处理法则。纯粹理论价值的弱化，将大数据进行有效的优化组合的数据算法和处理法则变得越来越重要。

三、大数据视野下的新闻传播创新

大数据视野下的新闻传播创新包含这样两个层次的内涵：首先，它是在传统新闻形态基础上的再创新，包括信息的可视化和人性化。通过可视化的多媒体影像信息传播新闻，动态影像和静态影像相交织，形成传播形态的多层联动，极大丰富了新闻表现形态，数据挖掘多种形式呈现扩充了新闻信息传播手段。其次，它也是一种内容创新，通过挖掘碎片化的数据和文本，实现了信息形态上的减少，并在一定程度上消除了新闻内容的不确定性。大数据与新闻传播的结合，使得新闻传播拥有了巨大的技术竞争力，给新闻传播安上了一双腾飞的翅膀，大数据新闻传播利用本身特有的优越性，把对社会整体结构的把握提高到了更广阔的空间和层面。

四、新闻传播研究应加强方法训练

对于新闻传播研究来说，大数据时代的机遇与挑战同时并存，一方面，大数据给在计算机和人工智能等领域拥有专长的社会学科的研究者提供了参与社会转型服务的机会，同时，也向所有从事新闻传播领域研究的实践者提出了新的要求。我国新闻传播学的大多数学者接受的基本都是人文学科的学术训练，只有少数学者接触过计算机和人工智能等方面的知识培训。而随着新闻传播研究向更广、更深的领域延伸，应加强与社会的各个领域的融合，新闻传播学科的社会学转向和社会化的倾向愈发明显。

大数据时代，新闻传播学要真正在社会科学学科中占有一席之地，新闻传播研究者要想在未来的研究中有所创新，拥有自己的话语权和学术地位，就必须重视社会科学研究方法。目前，国内一批正在成长起来的中青年学者越来越重视和强调社会科学研究方法的训练。我们期待，新闻传播研究者在基于本学科的研究的基础上，能够结合其他社会科学的研究方法，探索出独有的新闻传播研究方法。

五、新闻传播研究要重视应用 VR 等虚拟现实技术

未来，以无人机、人工智能和 AR、VR 等虚拟现实为代表的新技术催生的变化有目共睹，它将进一步改变人类的现实生活，新闻传播更不能幸免。既然无法拒绝，就要学会为我所用。

无人机几乎已经成为新闻传播业的"标配"。随着消费级无人机航拍门槛的

降低，越来越多的新媒体人开始利用这一新闻报道利器。无人机有别于传统摄影机的拍摄视野，它提供给公众耳目一新的、更广阔的视角，尤其是在 2015 年以后，在突发事件和重大活动的新闻报道中已经不能缺少它的身影。

人工智能有可能在内容生产领域催生根本性的变革。有媒体已经利用人工智能技术使用了机器人编辑的新闻，以机器人新闻为代表的"智能编辑部"理念未来可能将全面扩散。

AR、VR 等虚拟现实技术将迎来飞速发展，虚拟技术以全景式、交互式的报道让观众沉浸其中，增强受者真实的体验和参与感。但就整体而言，仍处于起步阶段，在很大程度上，还存在技术不成熟、成本高昂、设备普及程度低等问题。因此，对于新闻传播研究而言，一方面，媒体机构无法深入介入到虚拟现实技术整体产业链的每个环节，只是处于技术应用的最末端；另一方面，从现阶段来看，人工智能和虚拟现实技术还无法真正解决新闻传播业面临的众多关键问题。所以，虚拟技术在新闻传播业很难出现颠覆性的变化。

但可以预见的是，新技术会给未来的新闻传播带来新的传播形态、叙事手法、生产方式、接受方式、接受效果等，也会在伦理规范等方面提出新的问题。虚拟现实技术将会对新闻传播产生何种显性或隐性的影响，有待于新闻传播研究者深入地观察与积极思考，这决定了未来以虚拟现实等为代表的应用将成为重要的研究课题。

六、大数据与新闻传播创新的可能空间

当大数据作为一个时代特征越来越显著地呈现在人们面前的时候，新闻从业者如何从中发现本身进步的可能空间，成为每一个有职业理想的个体不能回避的问题。事实上，近一两年，无论是市场环境还是政策环境，甚至受者的生活形态与媒介接触习惯，都在大数据技术的冲击下发生了重大改变。可以毫不夸张地说，以数字化为基础的大数据技术正在与互联网一起重新塑造媒体生态。

从产业链的角度看，大数据对于新闻业从信息源的获取到新闻内容的生产与传播，再到新闻价值的二次拓展，以及新闻价值实现程度的效果评估，都有不可小觑的价值。本节从新闻的发现环节、生产环节、传播环节、传播效果评估环节，讨论大数据条件下新闻传播创新的可能空间及需规避的误区。

（一）新闻发现环节：听懂数据语言

网络互联条件下产生的数据是呈现人与客观世界关系的冰冷信息，它往往分离了丰富的细节内容，让人难以发现其新闻价值。然而，如果能够读懂数据语

言，发现其背后连着的新闻信息，就可以让新闻内涵更为丰满、背景更为坚实、结论更为聚焦。比如：面对中秋、国庆黄金假期中的旅游热点，一些敏感的媒体记者通过利用网络和航空的开放数据，发现旅游热点地区和游客的出行偏好，从而形成具有预测性的假日旅游新闻，很好地实现了大众传媒的环境守望功能。这是实时意义上的新闻发现，而从大时段角度看，大数据可以做的事情更多。

（二）新闻生产环节：让数据说话

新闻生产实际上是新闻记者将专业话语翻译成大众话语的过程，让大数据帮助新闻生产，就必须让数据说大众听得懂的话。

这个意义上，大数据可以发挥两个方面的价值：一是通过受者关注热点的发现，将新闻信息与之相连，为后一步新闻传播提供内容基础；二是运用大数据处理和呈现手段提升新闻的视觉冲击力和新闻的整体生动性。

对于后者，将量化的数据与定性的判断、生动的细节相结合，可以让新闻生产的效率和价值都得到提升。如果新闻机构能够利用现代数字技术对历史新闻及相关素材进行有效管理，可以在特定时点检索所需要的数据和信息，同时，在一定的范围内可以通过人工智能的方式实现信息聚类，将沉淀的数据价值重新发掘，对散落的数据价值实现聚合。举例言之，各地新闻媒体都会有大量采访素材并未用于当时的新闻报道，成为边角料搁置在一边。

大多数情况下，这些边角料都由记者所有，随着时间的推移，很大一部分会溢出当事人的记忆，成为被永远忘却的经历。但是，如果在现代数据存储和检索技术的支持下，新闻媒体能够对这些边角料性质的新闻素材进行管理，在大时间跨度的视野中，一些看似没有价值的素材就可能因为与特定的人、事、物的相连而产生特定的新闻价值。

（三）新闻传播环节：读懂受者需求

在新媒体驱动下，传媒生态环境发生巨大变革。要获得理想的传播效果，传播环节的技术推进显得非常重要。正因为如此，大众传媒机构在新媒体时代，必须而且可以借助大数据的帮助，根据受者的兴趣和习惯做更为精细的区分，甚至可以精确到每一个受者个体的特定需求。以此为基础，一方面，对于受者需求的准确了解可以向前延伸至新闻生产环节，从而准确地选择具有受者期待的新闻热点，并将复杂的新闻内容根据不同类型的受者做出不同方式的处理。另一方面，可以将前期已做处理的新闻内容进行多渠道、多轮传播，从而实现新闻价值和传播效果的最大化。

举例，中国男女篮携手夺冠重新称霸亚洲篮坛，不同人群的关注点会有差别，有人关注篮协主席姚明，有人关注中国篮球究竟能走多远，有人关注中国体育事业的发展机制等。因此，除了对中国男女篮亚运会夺冠的相关消息进行全面报道之外，对这些受者关注的话题也应该充分地涉及。传统意义上，这些内容会归为花絮和深度报道类，而在新媒体环境下，就可以在大众传播渠道进行全面报道的基础上，在新媒体平台上针对不同受者进行内容推送。

（四）效果评估环节：让价值有迹可循

对于传播效果的准确了解是传媒机构科学管理的前提，正如美国管理学大师德鲁克所说，"没有测量就没有管理"。虽然广播电视的视听率、报纸的发行量及阅读率等勉强解决了粗放评估的需要，但总有各种不够精细的缺憾。大数据时代对于大众媒体的传播效果测量带来更多的便利。

从技术层面说，受者的信息消费情况总是能留下痕迹，对这些痕迹的精细分析为传播者了解传播对象的需求从而预测特定内容的受者喜好提供了坚实的基础。利用与受者行为相关的大数据，可以对受者的信息消费偏好进行细致到个体的刻画，与此相应的，传播者可以根据这些精确的偏好特征进行更为精准的信息服务。这一方法最典型的应用就是"今日头条"的信息推送，它对用户过去信息消费过程中积累的大数据进行分析，通过一定的算法把握特定消费者的个性化需求，并以此为基础实现针对不同用户的个性化信息推送，一方面改善了消费者的信息接收和阅读体验，另一方面提升了信息内容的传播效果。而在娱乐内容的生产传播方面，大数据应用得更为广泛。

中国媒体人在充分利用大数据提升传播效果方面，也有不少创新和探索。中央电视台在充分利用传统调查技术所获得数据的基础上，加入新媒体平台上的数据获取，对创新节目的传播效果和市场前景进行评估，以此指导节目创新和内容调整，取得了很好的效果。

第二节　AR/VR 技术与新闻传播

VR（Virtual Reality）为虚拟现实技术，是利用运算平台（包括智能终端）模拟产生的一种虚拟环境，用户借助特殊的输入输出设备，与虚拟世界中的物体进行交互，从而通过视觉、听觉和触觉获得与真实世界相同的感受。

AR（Augmented Reality）为增强现实技术，是通过计算机系统提供的信息增加用户对现实世界感知的技术，将虚拟的信息应用到真实世界，并将计算机生成的虚拟物体、场景或系统提示信息叠加到真实场景中，从而实现对现实的增强。增强现实技术，不仅展现了真实世界的信息，还将虚拟的信息同时显示出来，两种信息相互补充、叠加。

VR 技术和 AR 技术出现之后，由于其对事件场景的高度还原性和良好的体验性，很快被引入新闻业之中。而 VR 技术和 AR 技术在新闻业态中的尝试与普及，也逐渐改变和颠覆了新闻信息的传播模式。借助 AR 技术和 VR 技术生产的 AR/VR 新闻，拓展了媒介技术在新闻传播中的运用模式，对现有的新闻业态产生了深刻的影响。

一、AR/VR 技术对新闻业态的影响

新闻行业的发展历来伴随着紧密的媒介技术的发展与更新，AR 技术与 VR 技术的出现，使得新闻领域中一直讨论的"还原新闻现场、真实再现新闻事件"的新闻理想具有了实现的可能性。AR/VR 技术可以轻易解决传统媒介技术难以实现对新闻现场的复原、让受者近距离感受和体验新闻事件的难题。受者通过穿戴智能头显设备或用一部智能手机就可以近距离、沉浸式体验新闻现场。与传统新闻模式不同，AR/VR 新闻以强大的复原新闻现场的能力，提升了新闻传播过程中的信息容量和新闻信息传播的广度和深度，并直接影响新闻业态中从生产源头到接收终端的各个环节。

（一）打破传统新闻生产的二维模式，趋向三维模式和多维模式

AR/VR 技术出现之前，在传统的新闻信息的生产模式中，报纸、杂志、电视以及眼下大热的自媒体平台，诸如微信、微博等，提供给受者的新闻都是平面的，即二维的新闻。这类新闻通过单一的文字、图片、视频在二维层面上进行传播。

AR/VR 新闻借助新型的媒介技术，从新闻生产的源头突破了二维模式的限制，它不仅可以实现新闻现场的 360 度立体呈现，即新闻生产的三维模式，还可以借助 AR 技术，将虚拟场景和现实场景进行叠加，实现多维模式叙述新闻事件。

（二）营造新闻场景，给受者提供沉浸式新闻体验

传统新闻模式下，受者无法直接抵达新闻现场去感知新闻事件，只能通过传播者的"复述"来实现对新闻事实的了解和感受。AR/VR 新闻则可以打破受者需要通过媒介"转述"去感知新闻现场的桎梏，这种新闻可以借助 VR 技术和 AR 技术，将新闻现场直接"投射"到受者大脑里。由此，受者从新闻事件的旁观者直接转化为新闻事件的参与者，从被动体验转变成沉浸式的主动体验。

（三）"媒介中心化"的转变

传统新闻模式下，媒介在信息传播中处于主导地位，基本上是媒介说什么，受者听什么。自媒体时代，媒介中心化的模式被打破。AR/VR 新闻的出现，使媒介在新闻信息传播中的地位和作用都发生了很大的变化，受者的主动权进一步增强，甚至有权选择看什么、如何看，这也标志着新闻的传播模式已从传统的"媒介中心化"开始转变。

二、AR/VR 技术对传统信息传播模式的颠覆

AR/VR 技术出现后，从新闻生产的源头到新闻传播的各环节，乃至于受者的接受体验都发生了巨大的变化。其中，传播环节受到的影响和变化是最大的。

（一）新闻信息的传播内容的演变

新闻信息的传播内容，由单纯的文字符号、视频演变成"场景"和"体验"传递 AR/VR。新闻中，信息不再是平面语言符号的叙述，而是被直观立体地呈现出来。AR/VR 新闻，几乎是新闻发生现场的高度还原，新闻发生的场景被完全呈现给用户。

AR/VR 新闻在信息传递的内容上，打破了传统新闻时期的单一化模式。传统媒体时期，媒介用文字、符号、画面、视频等描绘新闻现场，转述新闻事件的详细情况。而 AR/VR 新闻则不再描绘和转述新闻现场以及新闻事件的详细信息，而是直接传递新闻现场给受者，让受者自行体验现场，受者对新闻事件的了解和感受远比传统新闻时期来得真实和客观。

（二）新闻信息的传播方式的突破

新闻信息的传播方式突破了单一感官参与的限制，实现了多感官参与和联动模式。此前，应用制造商打造了某个关于街头游行的 VR 全景新闻视频。在这个新闻视频中，受者通过 VR 设备，可以看到街头形形色色的人群，这些真实的画面和本身"身临其境"的体验，让受者可以感知事件发生时市民的真实状态，甚至可以真实地体验到人群的冲撞感，并全景浏览游行场面。如果说，传统的文字新闻调动的是受者的视觉，广播新闻调动的是受者的听觉，电视新闻调动的是受者的听觉和视觉，那么 AR/VR 新闻则直接调动受者的视觉、听觉、触觉甚至嗅觉等多种感官，首次在新闻信息传播领域中实现了受者多感官联动感知新闻信息的形态，彻底颠覆受者对新闻信息传播的理解和认知，这也意味着新闻信息传播开始进入新纪元。

AR/VR 新闻也符合传统新闻实践中反复强调的，新闻要传递给受者"最真

实"的新闻现场和"最客观"的新闻信息的理论要求。AR/VR 新闻借助 AR 头显设备、现实增强技术，让受者"亲自"接触新闻现场，理解、感知、总结、概括、体验"最真实"的新闻现场。AR/VR 新闻提供的虽然是虚拟的新闻现场，但是其调动受者的多感官的感知却是无比真实的。

（三）受者由接受新闻信息转化为深度参与新闻传播的过程

2018 年 4 月，新华社发布 AR 新闻，人们点击新华社客户端首页下方的"小新机器人"，使用 AR 功能扫描二代身份证，就可以成功进入 AR 新闻。进入 AR 新闻之后，受者可以选择两个不同的场景，打开声音并通过点击提示按钮进行阅读。

在新华社发布的这条 AR 新闻中，阅读什么、如何阅读、如何和媒介进行互动都成为受者的自主行为。在 AR/VR 新闻中，新闻信息传递的方式发生了改变，这也直接导致媒介在新闻信息传播中的地位发生变化。传统媒体时期，媒介深入新闻现场，采访和撰写新闻内容，媒介掌握新闻现场的第一手资料，媒介对新闻信息进行加工、编排之后传递给受者。在这一传播模式中，媒介始终处于主导地位，由媒介来掌控受者看什么以及如何看。AR/VR 新闻向受者传递的不是"内容"而是"场景"，也就是说，媒介不再是新闻现场的唯一参与者，受者可以直接成为新闻现场的参与者，他们可以和媒介一样感受新闻现场和新闻事实，因而受者对新闻事件的了解和感知更接近真实。

三、AR/VR 技术对信息传播模式的重构

AR/VR 技术对传统新闻信息传播的内容、方式、主体构成等方面都产生了一定的影响，这也意味着适应 AR/VR 新闻传播特点的新型传播模式日渐成熟。媒介必须清晰地认识到 AR/VR 新闻发展的前景，积极构建适应 AR/VR 新闻传播形态的传播模式。

（一）新闻信息传播视角的转变

在新闻信息传播视角上，媒介要由传统新闻时期的二维叙事角度转化为突出视觉化的多维叙事角度。

AR/VR 新闻的传播需要一定的设备支持。长期以来，昂贵、携带不便、体积偏大的智能头显设备一直制约着 AR/VR 新闻的传播和发展。但随着科学技术手段的发展，头显设备不断更新换代，携带轻便、价格低廉的头显设备不断被研制和开发出来。2018 年 6 月，某品牌发布全球首款超轻便独立 AR 一体眼镜 835，可适应 90% 以上用户的头型和瞳距，吸附式矫正镜片让近视用户也能够正

常佩戴。该机质量轻盈，重量 120 克，眼镜上方搭载了一颗 1300 万像素带光学防抖的摄像头，可实现远距离视觉识别、二维码扫描。这意味着 AR/VR 新闻的普及速度也将加快。

由于 AR/VR 新闻采用多维模式进行传播，头显设备也主要依赖受者的视觉感受去体验新闻信息，因而 AR/VR 新闻传播内容上，媒介要摆脱传统思维的束缚，从视觉的突出化视角去进行 AR/VR 新闻的内容传播，适应时代发展对于新闻传播的新要求。

（二）新闻信息的传播方式要营造的真实度

在新闻信息的传播方式上，媒介要合理把握 AR/VR 新闻营造的真实度。

VR 视频新闻沉浸式传播模式中，这种类似于现实的虚拟存在，通过 VR 技术对视频信息进行传播，将受者的听觉、嗅觉、触觉等多方面的感官调动起来，让受者的神经系统和感知系统融入 VR 新闻中，形成沉浸立体式视觉体验。媒介也需要合理把握提供虚拟新闻现场的方式。AR/VR 技术提供的虚拟世界对于受者而言是一把"双刃剑"，媒介如何把握其中的平衡点，是媒介在 AR/VR 新闻传播过程中面临的新挑战。

（三）媒介需要履行好"把关人"的职责，维护新闻信息传播的秩序

AR/VR 新闻使"受者主动参与的特性发挥到更大的程度，新闻业态中以受者为中心的思维将不断得到加强"。媒介需要提高对新闻舆论的引导能力。AR/VR 新闻赋予受者极大的自主性，也为受者带来大量原生态的新闻现场。因此，媒介需要履行好"把关人"的职责，在 AR/VR 新闻的传播环节中，在新闻信息的内容、舆论导向等方面对受者进行技术性引导。

第三节　自媒体与新闻传播

任何新型行业的发展都和互联网发展有着不可分割的联系，自媒体新闻就是在互联网的基础上发展起来的，利用互联网的优势，快速发展并且占领市场。自媒体新闻传播在互联网信息技术的促进之下，展现了这种新型的新闻媒体的传播魅力，在我国迅速扎根并且不断壮大。自媒体之所以能够在短时间内迅速地发展，和互联网有着密不可分的联系。

一、自媒体新闻传播的特点

自媒体新闻传播的特点不仅具有互联网信息传播的优势特点，还具有私人

化、平民化、普泛化、自主化、现代化以及电子化等相关的特点。新闻传播的趋势向个性化方向发展。自媒体新闻的传播速度快、传播量大，能够满足用户的更多个性化需求。我们熟知的自媒体新闻传播载体有博客、公众号、微信、百度等，这些新闻传播载体除了具有新闻传播的特点以外，还能够同时具有编辑的特征，更加优化了新闻传播的功能。

二、自媒体新闻传播对传统媒体的影响

（一）内容方面

传统新闻的传播手段处于一个较封闭的状态，读者通过传统媒体得到的新闻信息都是经过精心挑选出来的，这样挑选出来的新闻极大影响了读者对于新闻范围的要求，并且这些新闻的发布是在某种约束下进行的。相对而言，自媒体具有一定的开放性，新闻内容也更加"随意"，广泛的新闻内容，最大限度地满足了读者对新闻范围的要求，而自媒体所呈现出的开放性涵盖了新闻制作的每个环节。无论是新闻的选材、采访还是排版撰写等流程，自媒体的特点都对传统媒体的发展产生了影响。自媒体在发展方面，依靠的是社会人群的加入和网络信息技术的发展。由于新闻内容拥有群众基础，所以发布的内容更符合大众的价值观，也能引起更多共鸣，同时也会与社会的舆论导向保持一致。而传统媒体对重要新闻无法做到立即采访和发布，这就影响了其信息传播的及时性，如果传统媒体可以将网络因素融入行业发展中，那么相信自媒体对传统媒体的影响便不再是冲击，而是一种促进。

（二）传播对象

互联网技术的发展势头使越来越多人进入了网络时代，在网络时代大背景下，传统媒体遭到的影响和挑战也空前紧迫，其中最重要的影响因素便是传播对象和传播者在新闻传播过程中所扮演的角色。新媒体由于具有群众传播属性，能够受到更多读者的关注。在新媒体传播过程中，用户可以充当传播人，可以对新闻信息进行二次传播甚至多次传播，这种传播模式将"传播人"和"受者"相互结合，打破了传统媒体中传播者与受者之间的距离，新闻传播者不再神秘，新闻的传播范围也变得更加广泛，随之而来的便是自媒体得到的认可度越来越高。

（三）社会舆论

相比而言，传统新闻是单纯依靠传统的报纸或广播、电视等方式，因此受者在接受新闻的过程中，只能单方面接受，而不能真正参与进来，没有空间和平台发表自己的观点。

自媒体的出现改变了传统媒体的新闻传播方式。传者和受者之间的距离不再遥不可及，极大程度上促进了角色互相转换的局面。在社会舆论方面，自媒体也可以为受者提供参与评论的机会。另外，自媒体的自由性、即时性使受者可以接收到更多的新闻内容，使新闻囊括范围大大拓宽。而角色互换的特点使受者可以对于接收到的新闻进行加工传播，新闻内容也更加丰富，更加"接地气"。参与到新闻传播中的人们很容易产生社会责任感，这对于社会的整体发展更为有利。

三、对自媒体与传统媒体的深思

（一）将新技术植入到新闻传播中

新媒体的出现为传统媒体带来冲击的同时，也提供了发展机遇。深入挖掘自媒体的优势，针对本身传播方式和效果方面的不足，进行相应改进，能够为传统媒体的发展带来前所未有的成功。

创新新闻传播方法尤为重要，虽然自媒体在新闻传播方面的技术已经取得一定的效果，但我们必须认识到传统媒体对新技术的引入本身就是一种创新。覆盖度广，运用时效性强的网络和无线传播是一种顺应时代的传播方式，采用这种方式，对新闻进行大规模的传播可以提升传统媒体的影响力。并且，长久以来传统媒体在新闻传播中的地位，有助于新技术植入，并促进本身发展。当前时代下，微信、微博等软件被人们普遍使用，尤其是微信用户数量急剧增加。微信中的新闻推送可以收获大量读者，在自媒体冲击情况下，运用新的社交软件可以更好地提升传统媒体的影响力。

（二）培养和引进新媒体素养的专业新闻传播人才

自媒体传播中，对于内容的规范性和随意性要求相对宽松，这样的便利条件固然带动了自媒体发展，但对新闻播报内容的限制较小。由于自媒体的传播手段较多、传播范围极广，相关监管部门工作量也大大增加。传统媒体的系统化便于监管，因此传统媒体在新技术应用中可以得到更多权威部门的支持。培养和引进具有专业素养的新闻传播人才可以在一定程度上满足传统媒体的发展需求。而且，人才储备是企业良好发展的关键，大量的人才可以增强传统媒体的实力。在人才方面，传统媒体可以和自媒体相互合作，互利共赢。在提高新闻传播质量的同时，更好地为用户负责。人才机制的引入，可以全方位提升企业文化。作为新闻传播者，各个媒体都有责任和义务不断进步。

传统媒体在社会稳定方面发挥着重要作用。面对自媒体带来的挑战，传统媒体如果能够及时改善自身传播方式并开创新的传播方式，传统媒体在新闻传播中的地位依然无法动摇。随着技术的越发完善，新闻工作人员可以将自媒体和传统媒体进行恰当融合，使新闻传播工作向着美好辉煌的局面发展。

第四节　区块链技术与新闻传播

随着技术的不断发展，传统新闻传播行业一直在尝试利用新兴技术（如AR、VR等）进行创新实践，以期走出困境。但纵观这些创新实践不难发现，这些尝试大都是通过新兴技术，丰富新闻的报道方式和呈现形式[①]，并不能够从根本上解决新闻传播行业所面临的主要困境。

区块链技术被称为"第四次工业革命的核心技术"。简言之，区块链技术是分布式数据存储、点对点传输、共识机制和加密算法等计算机技术的新型应用模式[②]，其本质是一个分布式数据库系统，而去中心化则是该系统的核心特征。基于区块链技术的本质及核心特征，在理想及主要考虑积极因素的状态下设想，这一技术的出现很有可能促成新闻传播行业产业生态的重构，为新闻传播行业走出困境提供一种全新的思路。

一、区块链技术有望使新闻传播行业走出困境

（一）提升新闻传播行业公信力

第一，区块链技术有可能帮助新闻传播行业摆脱商业资本控制。区块链为虚拟货币流通、点对点去中心交易提供了基础设施支持，且通过加密算法减少了免费替代性新闻产品的数量和渠道，增强了消费者的付费意愿。因此，在这一系统中，新闻产品的生产者能够直接从消费者手中获得即时收益，跳过了传统的流量变现环节，基本摆脱了商业资本的控制。

第二，区块链改变了新闻产品的审核及发布流程，依靠全民审核模式最大限度地保证了新闻的客观性和真实性。应用区块链技术的新闻平台不再将新闻稿件收集到一个中心编辑部进行审核、筛选和编辑，而是将在新闻产品完成后，随机邀请多位不相关的用户对新闻稿件的内容进行评估。例如：美国的去中心化新闻网络 DNN（Decentralized News Network）会在撰稿人完成新闻稿件撰写后，随

---

①　谭小荷. 加密经济重构媒体生态？区块链驱动下的新闻商业模式创新——基于 Press Coin 的案例 [J]. 新闻界, 2018 (6)：10—17.

②　李鹏飞. 基于区块链技术的媒体融合路径探索 [J]. 新闻战线, 2017 (15)：90—93.

机选择 7 位匿名审稿人就新闻的准确性和公正性进行审核评估，并根据编辑指南对稿件提出修改意见。审核过程结束后，审稿人将获得平台自动分发的 DNN 代币作为报酬。

第三，利用分布式数据存储技术可将新闻生产、发布和传播的每一个环节同时存储在该区块链的所有节点上。因此从理论上看任何人都无法私自篡改或是删除新闻，所有的信源都可以被精准追溯；此外，存储下来的信息都将按照时间顺序自动排列。这能够帮助消费者依据信源的身份和相关时间节点对新闻的真实性做出更准确的判断。

（二）促进新闻传播行业发展繁荣

第一，区块链技术能够增强新闻生产热情，让人们有意愿去生产新闻。区块链技术使得信任成本降到极低，用户不需要任何中心化平台，即可以与任何人直接建立信任关系，并进行直接交易。因此，通过区块链技术，新闻生产者能够直接从消费者手中获得即时性收益，这无疑是一种有效的激励。

第二，区块链技术能够通过放权赋能让更多的人去生产新闻。公共区块链平台，如以太坊（Ethereum），为实现新闻的平民化参与提供了基础设施。任何人都可以成为区块链上的一个节点，任何人都可以生产新闻，并有机会平等地发布作品，获得收益。因此我们有理由预想，与区块链技术与新闻传播行业实现融合之后，新闻传播行业或将呈现出"百花齐放"的繁荣景象。

第三，区块链技术有助于提高新闻生产效率，降低生产成本。区块链是一项可在世界范围内应用的技术，且能够实现全节点实时同步更新和存储。因此，利用区块链技术，新闻生产者们可进行多点合作，甚至跨国合作，这将大大降低收集信息的成本，同时提升新闻生产的效率，对于提升新闻的客观性也是有益无害的。

第四，区块链技术有助于提升公众对新闻的信任程度和消费热情。首先消费者可通过区块链技术与新闻生产者直接建立联系，为自己感兴趣的新闻选题提供资金和信息支持。另外购买过某一新闻产品的消费者将成为该区块链中的一个节点，与新闻生产者所在节点存储着相同的全部信息，因此新闻的整个生产过程和资金流向对消费者全部透明，新闻生产端与消费端之间的信息对称也得以实现。

第五，区块链技术能够助力新闻学术研究。美国新闻史学家迈克尔·舒德森（Michael Schudson）曾指出："所有传播史研究面临的问题之一是其基本研究材料的'易逝性'"①。新闻研究往往需要依托大量文本，但新闻的特殊性使得其文本体量巨大，只可短暂保存，还会出现文本缺失的情况。区块链技术在理论上能够实现信息的永久储存及各个节点的追溯，因此在未来，区块链也许可以作为一个庞大的语料库与新闻传播行业实现融合，从学术研究的层面推动新闻传播行业向前发展。

二、区块链技术与新闻传播行业融合的现实壁垒

（一）技术壁垒

作为一项最前沿的革命性技术，毫无疑问，区块链技术具有很大的发展空间，但目前区块链技术的发展，还客观存在着一些技术壁垒。

由于区块链技术的核心特征是去中心化，在与新闻传播行业的融合场景中，这就意味着新闻生产、发布和传播的每一个环节，都将被同时存储在区块链的所有节点上。这种共识机制保证了数据的安全性、中立性和不可篡改性，但区块链上的数据被无限期地存储，且不断地增加，必然就会造成巨大的技术成本。同时，这也会随之带来处理量低以及处理一个区块耗时长的效率低下问题。所以，目前的区块链技术门槛和成本都很高，但效率却相对较低。在这种情况下，区块链技术只有在对去中心化有极大需求，并且能够承担其技术成本和时间消耗的行业中，才能带来实际的价值，因此，着力推动区块链技术走向成熟，提高其运行效率，降低其技术门槛是新闻传播行业与区块链技术实现融合的首要前提。

（二）虚拟货币政策壁垒

除了技术壁垒，虚拟货币和政策法规同样是新闻传播行业与区块链技术融合道路上的一大障碍。

与区块链技术融合后，新闻传播行业的大部分甚至一切交易将依靠虚拟加密货币进行，很多虚拟货币的发行数量都是有限制的（如比特币、PressCoin等）。因此，制定一套较为完备的虚拟货币政策十分必要。当前，新闻传播行业正在重重困境中摸索前行，而区块链技术的出现则为新闻传播行业突破困境提供了一种新的思路。

---

① 邓建国. 新闻＝真相？区块链技术与新闻业的未来 [J]. 新闻记者，2018（5）：83—90.

第五节　融媒体与新闻传播

随着科技发展的日新月异，传统媒体面临很大的挑战，一些新的技术手段的应用改变了媒体的传播方式和传播手段，新媒体不断涌现，媒体之间快速融合，人们获取信息的方式更加多元化，这对传媒从业者提出了新的挑战。

一、融媒体：科技发展的必然趋势

信息技术、互联网的发展使许多行业发生革命性的变化，媒体就是其中之一。在移动互联网快速发展和国外媒体数字化转型加速的背景下，我国媒体融合发展已是大势所趋，大数据、云计算等技术运用到了全媒体采编平台构建之中，移动直播、H5 应用等技术在采编制作环节普遍采用，机器人写稿、无人机采集、虚拟现实等技术从无到有，实现了突破。目前，无论从国家层面的战略部署、宏观政策，还是从各新闻单位的现实需要和发展实际，以及受者信息获取与沟通交流需求，都预示着我国融媒体发展时代已经来临，且融合进程在不断深入推进。关于媒体融合，学界的共识是它包括了体制、技术、管理、新闻生产等多方面的融合，其中最基本的融合当属新闻生产，因为在新的媒介生态下，新闻生产的社会环境、职业环境发生了巨大变化，为了顺应这种变化，媒体新闻生产的方式方法、技术手段、传播途径，以及最重要的从业人员的综合素质能力都会有一个较大的融合转型。现在，我们经常会看到许多媒体记者出现在公众视野的时候，同时具有某某报社、某某电视、某某网等多种头衔，他们的新闻稿件也会在他们所在的各类媒体同时刊播。从国家级、省级，到市级等各类媒体，也都加快了新媒体建设的步伐，音频、视频、图文、图片等媒体矩阵构成了强大的传播阵势。这样的传播方式和传播手段前所未有，转型速度也前所未有。

二、融媒体传播：颠覆性的改变

媒体融合发展首先带来的变化就是媒体的边界模糊性。传统报纸、广播、电视行业的边界逐步模糊，融为一体。互联网媒体日新月异、蓬勃而生，并迅速吸纳了报纸、广播、电视、杂志等传统媒体的传播手段，成为新媒体。但是，每一种类的媒体都具有不同的优势，受者需要在不同的场合、不同的时间，用不同的传播媒介，报纸的轻便简洁、广播的互动性、电视的直观性，都是新媒体不能取代的，传统媒体的变革并不是被取代，而是要不断适应受者需求，发挥各自优势，实现转型融合。

媒体融合促进了信息的多渠道传播，提高了媒体综合传播能力。如某日报通过近年来的媒体融合发展，已经从传统单一的纸质媒介，逐步发展形成具有报纸、刊物、网站、微博、微信、电子阅报栏、户外大屏幕等多种传播手段的融媒体矩阵，可以同步进行纸质媒体、网络媒体、移动媒体、户外媒体和多语种传播，形成了"一次采集，多次生成，多元发布"的融媒体生产格局。该广播电视台逐步探索创新媒体融合方式，开设了众多公众号等网络媒体和手机媒体，采用高清航拍、模拟演播室、大数据、视觉包装、微场景制作等多种技术手段，使新闻传播从内容到形式都实现了质的突破和飞跃，视觉角度更为开阔，内容更加直观，新闻传播力和影响力进一步提升。同时，通过手机微信，新闻转发致使传播速度更快、更便捷，公众参与性也明显增强。

新的传播形式持续演变，融媒体时代对新闻从业者的要求也趋向多元化、个性化、高标准。传统媒体从业者分门别类的技能已经不能适应新媒体的要求，作为一个新闻事件的采访者和传播者，要提供文字、视频、音频、图片等多种素材，熟练使用电脑、画面编辑机、视音频制作设备，甚至掌握简单的制作和处理技术，都是今后对新媒体记者的基本技能要求。视音频传播，不仅要求记者提高各项采制技能，同时也需要提高出镜能力。而主持人需要培养本身的职业素养，做专家型的主播，才能适应当前融媒体新闻发展需要，满足观众的需求。

三、融媒体时代新闻传播策划的重要性

在媒体融合的时代下对电视新闻传播进行策划是适应目前媒体竞争的需求，网络的出现和迅速发展也为传统的新闻传播带来了很大挑战和冲击，尤其是一些新闻领域日益趋向白热化的竞争更是带动了新闻媒体和传播方式的改变，现如今新闻策划已被很多人关注。电视新闻传播策划能够为电视节目带来更好的社会效益和经济效益。

电视新闻传播策划是一个媒体塑造精品、实施品牌战略、赢得本身良性发展的必然需求。随着竞争环境的日趋激烈，电视传播媒介必须树立本身的品牌意识，讲求品牌效益，因此就需要从新闻策划开始，打造出电视新闻节目中的精品。

新闻策划更是关系着新闻的采编与实践，随着新闻领域之间的竞争逐渐加剧，新闻策划所投入的人力和物力都会在新闻报道中展示出来，因此媒介工作人员开展新闻策划，必须符合时代的发展，只有掌握大量的社会需求，才能对新闻传播节目进行很好的策划。这同时也可以让记者和编辑在工作中得到锻炼，提升新闻报道的质量和水平。

四、电视新闻传播策划的方式

（一）电视新闻报道策划要注重内容

在一个新闻传播节目当中，只有内容新颖，才会引起更多观众的喜欢，内容对于一个电视新闻节目是制胜的重要途径。新闻报道首先要进行新闻策划，策划时要选择一些比较好的方式来对新闻的主题进行深入解读，选择题材上一定要注意选择比较新颖的观点，能够在第一时间吸引观众的眼球。除此之外就是要更加贴近观众和人们所关注的一些民生问题，挑选的新闻事例也要具有很强的代表性。其次就是根据策划方案将策划前期准备做妥当，最后就是以新闻节目报道的形式和角度制定最合适的新闻策划方案，制定方案时也要多准备几个，方便后期的修改和调动。在一次次的策划中吸取和总结经验，不断促进电视新闻节目的转型。

（二）对电视新闻节目的宣传片要进行包装

电视新闻内容虽然能够吸引更多的人持续关注，但如果有一个好看的包装就能够使电视新闻节目更加美观，吸引更多观众的目光，最后产生较好的社会和经济效益。除此之外，电视新闻节目还要拥有自身鲜明的主题、适宜的字幕包装等。在对电视新闻节目进行包装的过程中，应当注意包装的形式要与内容相符，可以适当根据电视新闻节目播放的特色和内容进行宣传片的确定。

对于电视新闻节目的宣传片进行包装，最重要的就是要对形式进行创新、声音进行创新、画面要有冲击感、文案素材要连贯具有思想。在形式的创新方式上，要不断强化内容的视觉形象，给广大观众留下深刻的印象。声音的创新要结合宣传的对象，融入恰当的音乐。画面的创新需要将视觉冲击和文化底蕴相结合，要富有节目的文化特色以及地域特色。文案是整个宣传片的灵魂，因此需要具有说服力、全面和精辟等特点。可以将宣传片的基调与情绪紧密结合，将故事作为出发点进行选取，进而感染观众。

（三）电视新闻节目适当地选择一些特技

特技属于一种影视艺术作品中常见的手段，运用特技的目的是使电视新闻节目的画面具有更强的解说性，内容也更丰富，能够让观众对电视节目有一个更具体和形象的理解。在电视新闻节目中适当运用一些特技，然后配合主持人的讲解，就能够全面并且真切地还原新闻节目的现场过程，一些比较形象的画面还能够使观众过目不忘。

特技可以优化电视新闻传播效果，因此在特技的添加中需要具有真实性和时效性。在特技的使用过程中，一定要对新闻节目进行如实的报道，掌握分寸和尺度。可以适当地将一些数字制成波状或者柱形表格给观众留下更加直观的印象，也可以将新闻节目中出现的地理位置做成地图类型，观众可以更加直观地了解。此外也可以对一些特殊的画面进行放大或者放慢，做强调处理，让观众看起来一目了然。

（四）主持人要适当进行形象艺术包装

电视新闻节目的主持人形象直接决定着观众对于电视新闻媒体的直接印象，因此电视新闻的主持人不仅要具有独特的个性，还要代表电视新闻节目具有一种形象的姿态。对电视新闻节目主持人的适当包装要注意主持人的言行举止，随着信息化时代的飞速发展，一个人的言行仪表很容易被大众传媒传播出去，因此良好的言行举止能够提升一个主持人的形象。

随着互联网时代的到来，传统的新闻传播在融媒体时代得到进一步发展，人们对于新闻信息的获取方式也将不再局限于电视新闻，更多的用户可以使用互联网来获取信息。因此只有对传统电视新闻节目进行不断地转型和创新，才能紧跟时代发展的潮流。

第六节　数字技术与新闻传播

时代的发展日新月异，各类新技术也层出不穷，在新闻传播领域内也先后出现了很多不同的媒体技术。数字媒体技术的产生给新闻传播带来了很大的影响。因此，首先需要对数字媒体技术有一个更加深入的了解，才能进一步探讨数字媒体技术带来的影响。

一、数字媒体技术与新闻传播概述

实际上，数字媒体技术的出现与社会信息科学技术的繁荣有着密切的联系。一般来说，数字媒体技术是一种新型的技术手段，它主要是利用现代发达的计算机通信技术，以及音视频、文字图片处理技术等，将内容丰富、含义抽象的各类信息变为具有可感性、交互性的信息内容。

作为一种具有强大综合能力的应用技术，数字媒体技术最终得以实现的关键技术主要有数字信息获取与处理技术、数字信息传播技术等。在现实生活中，随处可以看到应用数字媒体技术的实例。例如：我们所观看的电视新闻节目、广播节目都是通过数字信号传递到千家万户的；现代生活中流行的网络直播、虚拟现实技术等，也是通过数字媒体技术得以实现的。目前，在世界范围内已经形成了较为完善的数字媒体产业，不仅促进了媒体领域的发展，还推动了信息产业的进步，在一定程度上提升了信息产业的发展能力。

将数字媒体技术应用到新闻传播工作当中，实现了新闻传播工作的优化和与时俱进。在信息社会，媒体行业是随着社会的发展而不断变化与发展的。在新闻传播工作发展过程中，需要先进的技术作为支撑，而数字媒体技术刚好为新闻传播工作提供了相应的技术支撑。实际上，数字媒体技术与新闻传播有着密切联系。一方面，数字媒体技术的发展可以推动新闻传播工作的进步；另一方面，新闻传播工作的开展也为数字媒体技术的完善与创新提供了必要的实践经验。

二、数字技术影响下的新闻业态

正所谓，技术是把双刃剑。一方面，数字技术在新闻传播中的广泛应用使得专业媒体的传播更便捷、内容更多元，更容易找到媒介融合的突破口；另一方面，数字技术让专业媒体面临更严厉的舆论监督和来自自媒体的新考验。

（一）传播更高效

微博、微信随时随地实时更新的特性尤其符合新闻报道"快"的第一要义。尤其是在应对各种突发新闻中，微信、微博占据着得天独厚的优势。新闻工作者能第一时间在事故现场通过手机进行拍摄照片和简单的文字编辑，就能将消息发布出去。微博短小精悍的特性不仅有利于新闻事件的系列跟进，还可以让新闻工作者随时更新事件动态。

（二）内容多样性与个性化兼具

除了传播效率更高，传播内容的多样性也更丰富。一是新闻内容的关联性。微信和客户端的同类新闻推荐就是数字技术基于大数据实现的。二是我国的新闻客户端遍地开花，每个客户端都有自己的定位和侧重点。例如：某新闻的客户端整合了各种媒体的信息资源，通过关键词搜索就能快速找到不同媒体报道的同样主题的新闻。由此，不管是从新闻的内容，还是从新闻的来源来看，受者的选择是更多了。同样地，受到数字技术影响，多样性的新闻传播还包含了人性化，它的人性化体现在数字技术通过记录用户日常在新闻客户端的浏览信息的轨迹，以此形成大数据，进而根据用户的需求进行个性化地调整，最终让每个受者享有自己定制的新闻内容。

（三）信息碎片化和娱乐化加剧

网络发展到今天，新闻与娱乐之间的墙在消失，新闻与言论之间的墙在消失，新闻与广告之间的墙在消失。由此看来，拎干货的内容思维、接地气的网络语言贴合了手机碎片化的线性阅读模式，拉近了与受者的距离。让人身临其境的黑科技 VR 和突出互动对话的网络直播都体现了传者重视受者在接收信息过程中的体验感。

（四）舆论监督更透明

当微博和微信作为社交媒体的姿态出现时，无疑是为公众提供了前所未有的广阔的话语空间。他们比传统的沟通工具更人性化，促进了人际互动的行为和效率。媒体微博每次发声，公众都能即刻回应，这种反馈的现时性对于新闻传播过程的意义是重大的。它一方面可以检验新闻传播效果，另一方面可以根据反馈的内容对后续的新闻传播行为进行调整和规划。这意味着新闻传播的重心已上升到公众议程，其分量也会越来越值得关注。

除了简单的点对点发表评论以外，如今数字技术还能实现用户参与媒体组织的专题讨论、投票和调查等社会性活动，每个公民都能通过自己所拥有的数字工具进行舆论监督，新闻舆论监督的功能就在这些传播活动中得到进一步的强化。

（五）来自自媒体的推动力

数字技术能为专业媒体的新闻生产和传播带来新的推动力。在数字技术创造的微博和微信平台上，人人都拥有平等发声的权利，每个个体只要愿意，都是传播者。很多组织机构如今都有自己的微信、微博平台，他们在上面发布信息，与受者互动，甚至把自己的微博、微信运营成其具有权威性的官方信息渠道，当受者想要了解与之有关的消息，首先想到的不再是媒体，而是直接到其官方平台去寻找。

"两微一端"、H5 技术、黑科技，还有网络直播等数字媒体技术的出现让信息传播更加便利和有趣，他们所具备的互动性、普泛性和自主性这些优势已经在逐渐改变大众的人际交往模式、认知模式、机制建设甚至是社会结构。对于新闻传播来说，数字技术使得新闻编辑生产模式出现了新的业态，因此专业媒体在未来的新闻发展中，将面临如何能利用好技术才能既实现与自媒体和谐共存，又要整合内部资源才能找到突围之路的难题。

第七节　微博与新闻传播

现阶段，微博已然成为我国新闻传播的一大重要方式。本节从探讨微博对于新闻传播的重要意义出发，详细阐述了微博新闻存在的重要性和重要地位。

一、微博对于新闻传播的重要意义

微博似乎是在一夜之间便风靡全球、家喻户晓，所谓微博其实质代表的是即时信息流，也是对微型博客的一种简称，是新兴的一类开放互联网社交服务，其简短精悍、开放实时是微博的一大特点。主要具有以下几个方面的功能：

（1）具有一定的针对性。对某个话题、某篇新闻进行讨论，邀请朋友一起各抒己见参与话题讨论，没有最终的对与错、是与非。

（2）用户可以针对某个特定的"关键词"进行查找，微博利用这个特点传递给大众更快、更便捷的话题，去了解比较感兴趣的朋友或明星或在意的人的微博动态。

（3）用户不仅可以看，也可以转发微博，如果是自创的微博更加没有问题，用户可以随时随地将自己所想、所听、所看、所感悟的事情，制作成一张图片、一小段文字，或者一段小视频发布，与大家分享。在传播新闻业领域，微博的这种形态的影响力和传播速度与传统媒体相比具有很强的优势，微博这种在信息传播和信息整合方面的独特优势，在对传统媒体造成很大的冲击同时，也加速了信息的传播，增强了新闻的可读性，扩大了信息来源，已经成为新闻传播中一个新的重要传播媒介，对新闻事业的发展有举足轻重的影响。

二、微博新闻特点分析

（一）多元化的传播主体

微博与其他论坛、博客等需要掌握的技术应用能力相比，其使用方式较简便，只需要登录网页，或直接发手机短信到指定号码，便可以随时更新自己的微博。不分年龄、人群、学历、地域、性别、社会地位等，只要能上网，人人随时随地都可以发言、转发和评论自己的所见所闻所感，让广大的平民大众有自己真正的话语权。

（二）精简化的新闻信息

由于微博的文本限定一定字数，一般不能超过 140 字，就使得用户必须精简自己的语言来表达自己所要表述的东西，另外再配合图片或者视频等，常常是一两句话概括叙述一件事或评论一个热点话题。这些多样化的内容组合，让受者以更高效率的模式接收微博的新闻信息。

（三）传播渠道的即时性

微博即时滚动更新的方式符合传统的连续性新闻报道的形式特点，用户可以利用微博随时随地发布自己在现实生活中遇到的各种突发事件，其滚动播放现场新闻的传播方式，正是目前国内外一些传统媒体微博常用的手段。

（四）传播的互动效果有增无减

拥有较多粉丝群的微博用户既可以是面向广大网民的大众传播，又可以是使用"某某"的方式实现点对点的人际传播，在发布一条新闻消息后，看到的人群有的立即进行评论，有的则进行转发，不论是采取哪一种形式都是对信息的一种关注和共鸣，这种行为也间接地表达了自己本身的一种见解和立场。

第八节　现代文学与新闻传播

新闻传播和现代文学是高校两个相互独立的学科，其学科定义和发展历史都有着各自的特点，但是由于它们在表达信息时都用到了文字这一工具，因此两门学科之间不可避免地产生了联系，这种联系随着时代的发展愈发密切。本节通过对新闻与文学特点的分析，来阐述新闻与现代文学相互融合的可行性，并明确了新闻传播与现代文学融合的意义以及新闻传播与现代文学在未来融合过程中需要注意的问题。

新闻传播是指通过对新近发生事件的报道，向受者展示事件发生、发展情况的一种传递信息的手段，其最本质的特点是客观性、真实性和时效性；文学是文化的重要表现形式，它是指作者以文字为工具，通过一定的文学体裁，运用一定的表现手法，形象化地表达事件的发展情况及人类内心情感的一种艺术形式，其最大的特点在于主观性、形象性和艺术性。随着时代的发展，新闻传播和文学这两个看似格格不入的文学形式相互影响、相互渗透，甚至形成了新闻文学化这一新的发展趋势。

一、新闻传播与现代文学的特点

从历史的发展脉络来看，新闻与文学密不可分，甚至可以说我国近代新闻的某些特点根植于近代文学。所以，由于历史和表现媒介的原因，新闻传播与现代文学之间必然存在一定的共性。但是我们也应该看到，随着时代的变迁，新闻传播逐渐脱离现代文学的发展框架，独立成一种具有鲜明学科特点的文学形式。

新闻传播的主要手段是新闻报道，而新闻报道作为一种特殊的文字表达形式，具有真实性、时效性、重要性等特点。真实性是指新闻事件必须是确实存在的客观事实；时效性是指新闻对事件的报道要及时、新鲜，所谓"第一时间报道"指的就是新闻报道要及时迅速；重要性是指新闻报道要有选择性，新闻的视角应该指向受者最关心的事件。

二、新闻传播与现代文学融合的可行性

新闻传播作为一门综合性极强的学科，与其他学科之间必然存在着千丝万缕的联系，现代文学自然也不例外。认识源于实践，在新闻传播与现代文学相互融合的理论产生之前，二者之间融合的实践就已经在新闻传播领域展开了，而这种实践活动自然也就成了新闻传播与现代文学融合可行性研究的依据。

（一）新闻传播与现代文学在起源上具有一致性

新闻传播在中国的发展源远流长，古代的烽火传信、近代的邸报等都属于新闻传播的范畴。我国的现代新闻传播与现代文学是在特殊的时代背景下产生的，当时，许多文人自觉担负起新闻人的角色，开始办报宣传，因此他们在新闻报道中不可避免地融入文学创作的表现手法，甚至利用了现代文学的体裁，也正是由于二者在起源上的一致性，使得新闻传播与现代文学的融合成为可能。

（二）新闻传播与现代文学在发展过程中相互影响

随着时代的发展，人们在对新闻的需求量不断增大的同时，对其质量的要求也越来越严格。新闻传播在发展过程中虽然逐渐脱离了文人充当新闻人的局面，但是现代文学在发展过程中对新闻传播的影响还是不可忽视的，典型的例子就是报告文学的兴起与发展。如：夏衍在 1935 年创作的经典报告文学作品《包身工》①，就是作者通过亲身调查，采用新闻的视角，运用文学的手法，叙述了当时上海等地区工厂中的包身工的情况，给人留下了深刻的印象。

（三）新闻传播与现代文学在表现手法上相互借鉴

新闻传播与当代文学虽然特点各异，但是不可否认，二者之间在表现手法上有很大的借鉴空间。因此，一个优秀的新闻人在撰写新闻报道时必然会从现代文学中汲取养分，灵活地运用现代文学的表现手法，这样才会既保证了新闻的真实性，也兼顾了新闻的可读性，使新闻传播真正做到传递信息、启迪民智。例如：周而复的《诺尔曼·白求恩》② 就是新闻传播借鉴现代文学表现手法的典范，作者从与白求恩的日常接触片段入手，注重细节性描写，使文章既有明显的新闻性也具备了强烈的文学色彩。

三、新闻传播与现代文学的融合实证

新闻与文学相互融合是现代新闻传播发展的一大趋势，文学性的新闻报道频现国内外媒体的情况也屡见不鲜。

（一）美国新新闻主义的兴起与发展

美国的新闻传播在整个西方媒体中占据着重要的位置，向来以新闻的客观性为新闻传播准绳的美国传媒，早在 20 世纪 60 年代就兴起了新闻与文学融合的浪潮，而这次浪潮也被视为美国新闻传播的一次阶段性的变革。

虽然"新新闻主义"的领路人汤姆·沃尔夫在创作第一篇具有文学色彩的新闻报道时具有一定的偶然性，但是也必须承认，"新新闻主义"的诞生是历史发展的必然。

所谓"新新闻主义"是指新闻人将文学写作的手法运用到新闻稿中。例如：记者在采访时，着重突出对受访场景、受访者语言及心理的细节性刻画，既增加

---

① 夏衍. 夏衍选集 [M]. 北京：人民文学出版社，1980.
② 周而复. 诺尔曼·白求恩 [M]. 沈阳：东北书店，1948.

了新闻报道的真实性，又在一定程度上体现出了撰稿人的思想倾向。在 20 世纪 90 年代，随着美国新闻传播理论的成熟，"新新闻主义"再次兴起，理论界通过对"新新闻主义"的科学定义，使其发展走向规范化，而这一时期也出现了许多优秀的"新新闻主义"作品的汇编，这表明新闻传播与文学的融合在美国新闻界逐渐成熟。

（二）我国报告文学的兴起与发展

20 世纪 30 年代，报告文学在我国兴起。在特殊的时代背景下，这种兼具新闻性与文学性的体裁为新闻传播和现代文学的共同发展起到了重要的推动作用。

1932 年，作家阿英在选编《上海事变与报告文学》① 时，第一次将"报告文学"定义为一种文学体裁，这一举动极大地推动了报告文学的发展。20 世纪 30 年代初，报告文学将新闻传播的重点放在宣传革命与抗日上。20 世纪 30 年代中后期，大批优秀的报告文学作品与读者见面，报告文学的体裁、表现手法、思想深度都日趋成熟，经典作品有夏衍的《包身工》、萧乾的《流民图》②、胡愈之的《莫斯科印象记》③ 等。中华人民共和国成立后，出现了大批优秀的报告文学作家以及报告文学作品，例如：李延国的《在这片国土上》④，就以文学的手段、新闻的角度，真实地描绘了引滦工程中那些默默无闻的英雄们。

四、新闻传播与现代文学融合的意义

（一）提高了新闻传播的表现力

新闻传播与现代文学融合的主要方式就是在新闻报道中，运用现代文学形象生动的叙事手法，以提高新闻的表现力，达到吸引读者的目的。在新闻传播与现代文学的融合过程中，撰稿人可以运用细节描写的手段烘托新闻发生的环境氛围，使读者对新闻产生情感共鸣；运用散文的手法设立新闻标题。标题是新闻的眼睛，要想使新闻标题在第一时间吸引读者眼球，可以采用散文的手法对标题进行加工美化，使其富于一定的艺术美感和文学美感；运用议论的手法，其逻辑严密，叙事性强的特点与新闻报道的需求不谋而合，因此撰稿人在新闻报道中运用

---

① 南强编辑部. 上海事变与报告文学 ［M］. 上海：上海南强书局，1932.
② 萧乾. 人生采访 ［M］. 北京：作家出版社，2000.
③ 胡愈之. 莫斯科印象记 ［M］. 长沙：湖南人民出版社，1984.
④ 李延国. 在这片国土上 ［M］. 北京：解放军文艺出版社，1984.

一定的议论手法，有利于加深新闻报道的思想深度，实现舆论导向的功能。

（二）丰富了现代文学的内容

新闻传播可以在现代文学中得到进一步的发展，现代文学也可以在新闻传播中得到启发。新闻的客观性要求其真实，而这也是现代文学发展的应有之义，因此现代文学作品在取材上可以借鉴新闻报道的手法，从实际出发，从事件的真实性出发，这样的文学作品才能有针对性。新闻报道的时效性要求其内容要反映典型的时代特征，反映民众迫切的需求，而现代文学在创作文学形象的时候也要扎根于时代的土壤之中，只有这样，文学作品才能够获得读者的认可。

五、在新闻传播与现代文学融合过程中需要注意的问题

（一）把新闻传播的客观性放在首位

新闻传播自出现以来有许多变化，新闻的本质没有发生变化，所以在新闻传播与现代文学融合的过程中，要始终把新闻报道的客观性和真实性放在首位，在新闻报道中运用文学手法应该以客观事实为依据，进行必要的文学创作，使报道具有一定的审美价值。

（二）注重融合方式的灵活性

新闻报道可以从现代文学叙事手段、描写方法、文学体裁等多方面入手，可以根据其内容的特点，具体问题具体分析，灵活地选取与现代文学的融合方式。

综上，新闻传播与当代文学之间相互渗透、互为借鉴已经成为新闻传播与文学这两个学科发展的一大趋势。新闻传播从现代文学中汲取细节描写的养分，不但会增强新闻报道的可读性，也使其更加真实可信。新闻人在新闻传播与现代文学融合的过程中必须要坚守新闻的客观性，也只有坚持了新闻真实客观这一条基本的底线，才能实现新闻传播与现代文学的更好融合。

第七章　融媒时代下新闻传播的发展

第一节　融媒时代播音与主持艺术专业人才培养

一、我国播音主持专业的发展沿革

（一）起步阶段

我国播音主持教育起源于革命战争年代，最早的播音理论和教材可以追溯至延安新华广播电台的几位播音员撰写的《十天工作总结汇报》。人民播音员在革命烽火年代、枪林弹雨之间传递着中国人民走向胜利的声音。《北平新华广播电台训练播音方法》[①]总结了这一时期的播音创作经验，首次阐述了播音的技巧、方法和状态，可以说较早、较系统地论述了什么是播音，为未来中国播音主持学科的建立奠定了方向和基础。

随着广播事业的发展以及社会主义建设对传媒人才的需求，1954 年我国建立了第一个培养广播人才的传媒学校——中央广播事业局。1979 年 5 月 16 日北京电视台正式开播，专职化的电视播音员也成为时代急切的呼唤。1963 年 9 月，北京广播学院正式开始招收中文播音专业的学生，学制为 3 年。中国播音主持高等教育应时代而生，自此正式启航。

1974 年，中文播音专业重新开始招生，1977 年，随着高考制度的恢复，中文播音专业也将原来的专科学制升级至 4 年本科学制。北京广播学院是中国播音主持教育事业的开创者，许多资深播音教育工作者和著名播音员会聚于此，包括了齐越、夏青、马尔方、徐恒、张颂等。他们在借鉴"话剧""声乐""说唱"等艺术形式的基础上，共同为播音专业的学科建设贡献出了最初的理论脉络。"发声教学""语言逻辑"等基本课程已有专门编纂印发的教材，一些外部技巧诸如重音、停连、节奏等亦有阐释。播音主体理论在这时开始逐现雏形，播音理论研

---

① 1949 年 3 月，陕北新华广播电视台迁至北平，改名为北平新华广播电台后，制定了《北平新华广播电台训练播音方法》。

究逐渐走向体系化。

1980 年 7 月 12 日，中央电视台《观察与思考》栏目正式播出，成为中国第一档电视评论性栏目，改变了我国电视新闻性节目只有报道没有评论的格局，在这个节目中，中国的电视荧幕上第一次打出"主持人"这个称谓。自此，节目主持人在中国正式宣告诞生。

（二）确立阶段

上世纪 80 年代，原北京广播学院中文播音专业从新闻系脱离出来，正式成立播音系并开始招收播音专业的硕士研究生，播音教育开始有了独立的学科建制。1982 年 1 月，著名播音教育家张颂发出了《研究播音理论是一项紧迫任务》[①] 的呼吁，并进一步明晰了播音研究的理论架构，其后两年间《朗诵学》[②]《播音基础》[③] 相继出版。同时期的播音理论研究工作者也积极响应号召，出版了多部播音理论著作，包括吴郁的《播音学简明教程》[④]、毕征的《播音文体业务理论》[⑤]、姚喜双的《播音风格论》[⑥] 等。

经过了众多学者不断的探索和研究，1994 年 10 月，由张颂教授牵头主编的《中国播音学》[⑦] 正式出版，这是中国播音与主持艺术专业学科体系正式建立的标志。该书规模宏大，会聚了众多优秀的一线播音员、主持人和播音理论工作者的思想结晶，不但明确了专业的学科定位，而且在理论方法、实践性和指导思想等方面都具有较高的起点，它是中国播音学人才培养体系形成并且开始走向成熟的重要标志。

上世纪 90 年代北京广播学院播音专业更名为"播音与主持艺术专业"，并成立了播音与主持艺术学院，专业学位实现了从学士一直到博士，建立起了多层次、成序列的系统教育模式。

（三）成熟阶段

2004 年，北京广播学院更名为中国传媒大学，而中国播音学也在这一年正

---

① 张颂. 研究播音理论是一项紧迫的任务 [J]. 现代传播（中国传媒大学学报），1982（1）：41—45.

② 同①

③ 同①

④ 吴郁. 播音学简明教程 [M]. 北京：中国传媒大学出版社，2004.

⑤ 毕征. 播音文体业务理论 [M]. 北京：北京广院，1989.

⑥ 姚喜双. 播音学概论 [M]. 北京：中国传媒大学出版社，1998.

⑦ 张颂. 中国播音学 [M]. 北京：北京广播学院出版社，1994.

式脱离语言学及应用语言学，进入了一级学科新闻传播学，自身拓展升级成为一个二级学科——广播电视语言传播。北京广播学院为中国广播电视事业输送了一大批新闻传播人才，为播音一线培养了一大批优秀的播音主持工作者，更一手建立起了播音主持学科的理论体系，可谓居功至伟。

到了20世纪90年代初期，广播电视事业飞速发展，人民群众的文化需求空前高涨，播音主持专业亦开始蓬勃发展。在北京广播学院的引领下，各省市部分高校也开始了播音主持专业教育办学的尝试，而这一时期的播音专业一般都为大专学制，教学沿承"北广模式"。

进入21世纪，社会主义市场经济的飞速发展使广播电视事业呈现出了多元化的发展倾向，各种专业化的频道、频率数量不断增加，传统媒体对播音员、主持人的需求也空前增长。各地高校纷纷开设播音与主持艺术专业，一时间开设播音主持专业的院校已达上百家，可谓"遍地开花"。

2003年，全国30多所开设播音主持专业的院校代表齐聚北京广播学院，就当前播音与主持艺术专业的人才培养和专业发展问题进行共同探讨，倡议成立全国高校播音主持艺术专业教育学会。次年，中国高等教育学会正式通过了成立中国高等教育学会播音主持艺术教育专业委员会的申请。委员会在2005年6月正式成立，这也标志着播音主持教育领域合作交流逐步程序化，播音主持教育的队伍建设逐步组织化。

时代的变革引领着传媒事业的变革。21世纪，新兴媒体不断涌现，媒介时代的发展有了新的主题，媒介融合成为时代发展的必然。播音主持专业起源于革命战争年代，满足了传统广播电视事业的发展需求，而到了媒介融合时代，播音主持被赋予了更多内涵，其性质、任务、形式在当代发生了翻天覆地的变化。

二、我国播音主持专业的培养现状

（一）学科定位

学科定位是一个学科建设与发展的基本问题，决定着学科的研究对象、目的、方法及发展方向。明确播音与主持艺术专业的学科定位，才能使学科建设理论化、体系化，实现学科的可持续发展。《中国播音学》明确了播音主持学科的研究对象、意义、方法和播音主持的性质、地位。

"播音涉及新闻学、广播电视传播学、语言学、心理学、社会学等，属边缘学科。"播音学科的理论有其边缘性和独立性，既受到其他学科的制约，又不能为某一学科所代替。由于播音学科的边缘性，决定了播音理论的发展只能随着相关主流学科的深化而深化，由此形成了与其他主流学科亦步亦趋的发展趋势。这就要求播音与主持学科理论研究工作者必须紧跟时代发展的步伐，从其他学科的发展中充分汲取营养促成自我革新。

中国播音学科的发展是历史和现实的播音实践要求，也是自身不断矛盾运动发展的必然，在时代的驱使下，播音专业的学科定位处于不断的变化之中，多方界定难以统一。教育部与国务院学位委员会把播音与主持艺术专业本科层次定位为艺术类专业：1998 年教育部《普通高等学校本科专业目录》第三次修订完成，把其中的播音专业更名为"播音与主持艺术专业"，并将其定位于艺术学之下。然而，教育部对研究生层次的播音主持专业定位与本科并不一致：在博士研究生和硕士研究生层次，播音与主持专业各个方向均直接归类在语言学与应用语言学专业之下，直到 2004 年才作为一个二级学科改入新闻传播学这个一级学科下的广播电视语言传播专业中。

此外，国家标准的定位跟教育系统的学科设立也并不统一。此后颁布的学科分类中国家标准把广播电视播音定位成一个三级学科，位于一级学科新闻学与传播学下的二级学科广播与电视之下。

由本科层次的艺术学定位，到研究生层次的语言学与应用语言学转变成广播电视语言传播学，再到国家标准定位于新闻学与传播学的广播电视学科，可见，播音主持专业的学科定位一直难以统一。播音与主持艺术专业的学科定位主要以艺术学、语言学和新闻学这三大学科为支柱，不同的角度会有不同的界定。但值得注意的是，不管是国家标准还是教育系统的界定，抑或是专家学者的分析，学科定位的难以统一所体现出的不仅仅是播音与主持艺术专业的边缘性，更重要的是体现了不同的时代发展要求，使播音与主持专业教育有了不一样的学科侧重和专业定位。

（二）招生现状

播音员、主持人作为一种"镜头前、荧屏上"的职业，无论在哪个时代，都有对主持人的相貌、形体、语音条件等有一定的要求。教育系统把播音主持艺术本科专业放在艺术类门下，不仅能够使播音主持专业的招生进入艺术类的渠道，还可以另外加设针对专业特殊性的提前测试。

持续发热的"播音主持热"并没有降温的趋势，中国播音学学科体系的创立者张颂教授用"空前绝后"来概括当前播音主持教育的办学现状。播音主持专业经过多年的发展，向传统广播电视业界输送了大批专业化的一线播音主持人才，满足了不同时期传统广播电视事业的发展需求。"北有北广，南有浙广"，不仅指出了两所院校在现今播音主持教育领域中的龙头地位，更体现出了当前播音主持专业教育在我国高等院校的发展与格局。从最初的一家到现今几百家院校中此专业开办，从每年仅有几十个毕业生到现今毕业生人数多达数万，从针对中文播音技能培养到现今通过多模式、多方向、多平台培养播音主持人才，播音主持专业已然成为我国文化产业中的高端产业。

（三）培养目标

播音主持专业创立至今已有 50 多年的历史，不少高校从不同的领域进行了教学研究，积累了丰富的教学经验，形成了自己的专业培养特色。由此可见，只有制定好适合院校自身特点、符合行业要求的专业人才培养方案，才能使专业教育有的放矢。通过分析当前多所高校的人才培养目标，可以总结出如下共性：第一，面向传统广播电台、电视台，还涉及其他相关单位；第二，以有声语言为工作手段；第三，多学科知识体系的复合型人才；第四，以新闻播音为主要方向。

（四）教学方法

教学方法是指在教学过程中，师生共同为实现教学目的和要求所采取的方法和手段，通常可分为五类：一是传授型教学方法；二是感知型教学方法；三是训练型教学方法；四是欣赏型教学方法；五是探索型教学方法。绝大部分高校都运用"大课讲授＋小课训练＋课外实践"的教学方法进行播音主持艺术教育。首先，教师可采用大课形式讲授播音与主持理论知识、相关技巧和原理，这一阶段教师主要应用的是"传授型＋欣赏型"的教学方法；其次，当学生对基本的理论和技巧通熟后，可以配合小课实践训练，教师运用小课教授的模式有的放矢、对症下药，"一对一"或"一对几"地进行示范讲解，此阶段教师主要应用"感知型＋训练型"的教学方法；最后，学生需要完成专业学位的实训要求，并利用假期进行亲身媒体实践，此阶段属于实践探索型的教学手段。

三、融媒时代播音与主持艺术专业人才培养改革

（一）明确学科思路：传播学与艺术学融合视角

1. 借鉴言语沟通学

"所谓主持传播能力，不是一种单纯的技能技巧，而是一种建立在相关学科知识体系平台之上的口语传播能力与人际沟通协调能力。"在媒介融合信息传播多元化、碎片化、分众化的趋势下，播音员、主持人不再以单向传播者的角色存在，取而代之的是一个沟通者、互动者、协调者的角色，而言语沟通学中的人际沟通、公共传播、组织传播、小团体传播等理论对媒介融合背景下的播音与主持

传播有着极强的针对性和指导作用。言语沟通学属于传播学学科范畴（区别于一般意义上关注媒体与受众研究的新闻学和大众传播学），是一门把口语沟通放在整个传播大环境（包括不同人际范围、文化范围和不同场合）中进行研究的一门古老的学科，并且具有强大的生命力。

2. 发展主持传播学

主持传播学出现的时间不足十年，基本上围绕着主持传播的特点、动因、环境、符号、受众、主体等方面展开，由于理论脉络完全借鉴传播学理论，因此还未建成自有的独立体系。在主持人群体越来越大，节目主持需求越来越强烈的今天，学界更需要积极发展属于主持人的独立理论体系，以指导新媒体时代的播音主持业务实践工作。

（二）拓宽目标格局：从传统广电到融合媒介

2015年教育部制定并实施《普通高等学校高等职业教育（专科）专业设置管理办法》，其中在总则第三章第十二条明确指出："高校设置高职专业应紧密围绕经济社会和产业发展实际需求，注重结合自身的办学优势，重点发展与学校办学定位和特色相一致的专业。"融媒时代是多元化的时代，高校播音与主持艺术专业应紧跟媒介时代的发展，从单一的面向传统广播电视业的培养目标中挣脱出来，积极培养适合新传媒时代的融合性播音与主持艺术专业复合型传媒人才。

（三）转变人才理念：从二次创作到全方位信息产制

媒介融合的实质是媒介壁垒被打破所带来的内容、组织、网络、规制、终端的融合。事实上，媒介形式在媒介融合过程中不断进行突破与创新，播音主持专业人才培养改革的突破点在于培养可以跨越不同媒介平台、突破各种媒介形式限制，并进行高质量内容产制的语言传播工作者。

（四）完善教学环节：以时代要求为导向

1. 专业文化培养环节

第一，专业文化知识为主的培养。无论媒介时代如何发展变化，媒介形式和传播如何不断革新，内容依然是传播过程中的核心要素。在"内容为王"的时代，主持人只有在自己主持的节目内容方面具备专业化的知识，才能引起受众的关注，赢得受众的尊重和信任，从而取得良好的传播效果。融媒时代信息传播超细分化更要求主持人要走专业化道路。我国在主持传播新时期所涌现出的大量备受喜爱的专业主持人，大部分这一类型的主持人并不是来自播音与主持艺术专业，这不仅引起了人们对现今的播音主持艺术专业教育的反思，同时也为播音主持艺术专业人才培养的改革指明了道路。因此，在融合媒体时代，不仅要保持播音与主持艺术专业一向重视文学艺术素质培养的课程设置特色，更应该根据学生不同的兴趣，加大各种不同类型的专业选修课的开设力度，例如，经济学、教育学、心理学等系列化选修课程，尤其需要鼓励学生选定一个特定领域的文化方向进行修读，以提高针对性。

第二，综合知识援助平台的构建。随着媒介融合的不断推进，主持人节目直播化的趋势越来越明显，节目制作流程越来越简单。这要求主持人在具备某一领域专业知识的同时，也要多方涉猎其他领域的知识，构建起多学科综合知识援助平台，包括文学、艺术学、传播学、社会学等诸多学科的基础知识，那么在面对日益简化的融合内容生产流程和交流互动日益增多的内容产制时，播音员、主持人才能结合不同的语境和情况提供多角度即时的解读。"良好的语音面貌和语音条件是口语传播能力的显性特征，语言思维以及对信息的产制能力是语言传播能力的隐形特征。"多学科知识体系援助平台的构建，正是使语言思维和信息的产制能力得以提升的必要条件。

2. 开放实践培养环节

近年来，很多高校学生为丰富课余生活，增强媒体实践能力，会选择到网络电台进行实习。以某音乐台为代表的网络电台在新媒体时代不断涌现，形式丰富多样，信息多元充实，为播音与主持专业的学生在校期间熟悉业界一线媒体发展形势和提高实际应用技能提供了极好的平台。学校在进行专业培养的同时，也应加设开放式实践教学，鼓励学生多参与开放式实践，从而推出自己的专属电台、专属订阅号、专属个人电视台，在开放式实践中培养开发个性，锤炼特有的个人风格，同时培养打造媒体品牌与个人品牌相统一的品牌传播推广能力。相关院校在设定培养方案时，应把这一类开放式实践附上相应的学分，切实鼓励学生在实践中学习，在学习中实践，时刻主动地紧跟媒介时代业界一线的发展。

第二节　融媒时代新闻综合频道的发展思路

在媒介融合背景下，新闻综合频道必须深刻理解"互联网＋""三网融合""媒体融合"等发展理念，以互联网思维为引导，从内容、渠道、平台、经营、管理等五个方面与新媒体进行深度融合，全面转型升级。

一、新闻综合频道新媒体融合发展思路

在媒体融合理念的指导下，建议新闻综合频道新媒体融合发展遵循以下五大

原则：内容为王、渠道为本、平台为体、经营为轴、管理为用。

（一）内容为王——差异生产，资源共享

内容是一切媒体赖以生存的根本，也始终是受众关注的核心，因此在新闻内容生产方面，必须要坚持传统电视媒体原创、真实、准确、精致、权威的原则，保持新闻综合频道作为主流媒体所发布的电视新闻内容的真实性、权威性、敏锐性、深刻性、全面性的特点。个性化、品牌化的电视节目内容始终是吸引力的源泉，这一点毋庸置疑。因此，新闻采编一线的记者在编辑时，应按照电视、微博、微信等不同媒体平台的特点，整合各类媒体资源，进行差异化生产，重点突出和利用各媒体平台的不同优势。如微博适合快速发布短小精悍的内容，遭遇突发事件时，为保证事件的时效性，可以按照事件进展的时间顺序迅速而连续地发布精短微博，形成一种"连续剧"式的组合报道。微信适合发布图文并茂、视听结合的深度报道，对于某些调查类、专题类报道可以先专门针对微信平台进行精细化编辑，然后再发布，以吸引中高端用户。电视媒体最强的优势之一是现场直播，一切适合电视直播的活动都要尽量采取直播形式进行报道，在电视直播时，一定要结合微博、微信等新媒体平台进行实时互动，以达到双赢或多赢的效果。在差异化生产后，把所有新闻产品全部存储在媒资库中，实现"云共享"，以便于按不同平台的需求随时调取或分配内容。

（二）渠道为本——主动开发，力求便捷

在渠道建设方面，首先，统合新闻综合频道现有的电视播出渠道和微博、微信渠道，安排专人负责，做到专业管理，力求所有渠道有问必答、有闻必录、有求必应，彻底打通频道、栏目及各渠道之间的桥梁，做到互联互通。其次，除利用好现有新媒体平台外，根据各渠道用户的不同特点，主动出击，努力开拓各类门户网站、视频网站、社交网站、户外屏幕、车载电视、公交电视等各种新的媒体渠道，做到"一云多屏"，即同一电视内容改变多种形式，利用多渠道发布，尽最大可能增加频道电视节目内容的覆盖面和受众接触面，提高通过各种渠道获取频道电视节目的便捷性。

（三）平台为体——用户为上，服务为纲

面对激烈的市场竞争，任何媒体都必须重视平台建设和用户体验。频道电视播出平台、网络播出平台和所有新媒体平台，都必须根据各自核心用户群体的需求，开发不同的节目类型或者版块，比如，电视媒体平台的中老年用户较多，那么就可以专门针对中老年用户推出保健养生、寻医问药类版块；新媒体平台年轻用户较多，就专门针对年轻人推出就业、教育、交友等各类服务性版块；同时通过微博、微信等新媒体平台的拓展功能，主动为所有观众、"粉丝"、用户提供尽可能丰富的生活服务项目，比如，天气预报、信息中介、商品交易、游戏娱乐等，平台的优质服务是吸引并留住用户的根本。电视媒体还应主动与用户实时互动，鼓励一切互动行为，满足一切互动需求，互动越多越深越广越好。通过高度融合的媒体平台，最大限度地满足用户的服务需求，保持用户对频道各平台的忠诚度。

（四）经营为轴——优势互补，融合推广

以电视频道与新媒体融合发展为契机，彻底转变传统的经营理念和思路，改变以刊播广告为主要收入来源的落后局面，变媒体经营为经营媒体，让传统电视节目与各新媒体平台资源优势互补。作为电视节目内容提供商，建立基于版权内容的增值体系，统一进行频道电视与新媒体平台进行的整合营销、融合推广、互相促进。除刊播广告外，还可利用电视与新媒体平台融合的优势，积极开展多种经营方式，通过策划会展、举办评选等各类线上线下活动，拓展新的创收渠道，针对广告客户量身打造一套推广方案，达到利润共享、风险共担、互利共赢的目的。通过新媒体平台的功能版块满足受众的内容延伸性需求，比如，组织商品团购等对接社群经济模式，找到有效盈利点，同时专门针对新媒体"粉丝"进行互动推广，经营"粉丝经济"，在取得社会效益的同时，注重经济效益。

（五）管理为用——分工合作，分配科学

首先，规范内容管理，频道所有新媒体平台的核心内容生产必须标准化、规范化、融合化，发布要常态化；其次，创新融合管理机制，改革电视节目的生产流程，必须在采访、编辑、播出的所有环节都加入新媒体元素，随时与新媒体平台对接，各平台分工合作，保证内容及时、高效、有特色、有针对性地发布，各平台联手抢占媒体市场；再次，创新产品评价机制和考核体系，在融媒体时代，以收视率为中心的单一评价模式已经不能适应未来媒体融合发展的需求，必须整合统计信号覆盖率、电视节目收视率、网络点击率、信息到达率、图文阅读率、互动转发率以及电视播出平台与新媒体平台的市场份额等多种数据，并把这些数据纳入绩效考核标准体系，建立一整套公平、合理、科学的评价与分配机制，以充分调动所有员工的积极性。同时，还可以以大数据为基础，管理和指导各平台内容的科学化生产。

二、成立新闻综合频道新媒体融合发展运营中心

为了适应频道整体与新媒体融合发展的现实需要，建议成立新媒体融合发展

运营中心，这也是未来电视媒体行业发展的必然要求，因为目前看来，只有在频道成立一个新媒体融合发展运营中心，把频道的新媒体人才整合起来，形成新媒体融合团队，才能迅速制定频道总体的新媒体融合规划，并保证频道的新媒体平台有序、高效、优质地运行。

第三节　媒介融合与新闻资讯产权保护策略

一、完善版权保护体制机制

在融媒体技术背景下，作者独立完成的融媒体新闻产品，无论是长图还是短文，只要是基于新闻价值的事实信息，就具备一定程度的独创性，非时事新闻也属于新闻作品，应受到著作权法律法规的保护。版权纠纷中的赔偿额一直是备受关注的焦点，随着版权保护日益被重视，赔偿额作为体现版权保护力度的重要指标，提高其数额也应被充分考虑到，这一制度在降低诉讼成本的同时也促进了争议的解决。此外，必须优化举证过程、创新诉讼模式、简化诉讼程序、完善赔偿机制、疏通司法维权渠道，以激励被侵权方积极通过司法途径维护自身合法权益。

二、提高版权保护意识

人们在致力于维权的同时，还要尽量避免侵权。新闻资讯版权的保护，最根本的还是要提高版权意识。要加强对新闻资讯版权的宣传使公众拥有版权意识。因此，新闻资讯行业必须提高自律性，认识到原创和产权保护对新闻资讯行业的意义。传统媒体要认识到产权保护事关自身的生死存亡，因此要积极维权，并通过各种方式表达自己的诉求。

三、创建合作共赢模式

传统媒体和新媒体之间的博弈一直是社会关注的热点。如何适应媒介融合的发展潮流，更好地推动版权保护实现共赢，是当下我国新闻资讯产权保护所面临的一大难题。在融媒时代，完善新闻资讯产权保护机制固然重要，但建立良好的合作机制、实现互惠共赢更有利于整个产业的发展。当前，传统媒体依然是原创内容的主要生产者，而新媒体在传播过程中更具有明显优势。因此，整合传统媒体和新媒体各自的优势，取长补短，探索合作共赢的新模式是完全有可能的。传统媒体也要改变思路，积极与新媒体建立良好的合作关系，相互尊重知识产权，进行版权合作、资源互换、股权合作、拓宽渠道，努力实现双赢的成果。

四、组建版权保护联盟

行业组织是加强新闻资讯保护的重要力量。从性质上说，联盟是一种行业组织，可以协调行业内关系、保护行业利益，在产权保护中扮演着特殊的角色。因此，应整合资源来打造一个良好的新闻资讯产权保护平台，充分发挥联盟效应，然后发挥合力，共同解决在产权保护过程中所遇到的困难。

现在，我国新闻传播界也开始认识到联盟的重要性。纸媒希望重启报业版权联盟，建立行之有效的行业保护规范。第 17 个世界知识产权日当天，人民日报、新华社等 10 家主要的中央新闻单位和新媒体联合发起成立"中国新闻媒体版权保护联盟"。这是迄今为止我国参与媒体级别最高的版权保护联盟，表明了传统媒体联合起来保护新闻资讯产权的意愿、决心和信心。中国报业协会将与国际版权交易中心合作设立"中国报业版权服务中心"和"中国报业协会版权委员会"，为中国报业产权提供专业化服务。行业协会的保权、维权功能开始落实为行动。

第四节　融媒体背景下电视民生新闻的创新与发展

一、电视民生新闻的融媒模式创新需要全媒体各司其职

多种媒介方式手段的融合会促进一档电视民生节目的成功创办，应充分调动新媒体网络资源进行互动，利用好微博、微信等新媒体互动平台，并勤于探索全新互动形式下的平台传播规律，在得到新闻线索、进行现场思考的同时，要多考虑互联网新闻和电视新闻角度的采编融合，考虑新闻信息发布的前瞻性。如得知了突发新闻线索选题时，应第一时间奔赴现场进行采访，并直接以文字短消息的形式在网络上率先发布新闻动态，在新闻网站上标明清晰的新闻事件，并标明会持续关注后续节目报道的话语，这样就初步做到了电视民生新闻在网络和电视双平台的互动和发展。民生新闻在不同媒介中的传播方式，决定着融合后新闻多角度传播方式的分众策略，既要求新闻的采编，又要遵循移动互联平台看时效、电视终端看深度的多渠道传播原则。在新媒体背景下的节目模式创新要与全媒体范围形成紧密的联动机制。

在如今的全媒体时代，媒介的融合最先需要我们解决的就是新闻信息与受众

互动不频繁的问题，受众由先前的新闻信息被动接收者转变成了信息的主动吸取者和间接传播者。只有纸媒、广播、电视、互联网等多种媒介传播手段在全媒体时代分工明确，才能保障各媒介在内容及模式创新探索上起到相互影响、合作共赢的全媒体崭新生态圈的作用。

第一，多元融媒激发了受众关注节目的热情。多元化的媒介融合尝试，使受众对于新闻内容的关注不会局限于以一种传统的媒介传播方式去获取对大众有益处的信息资源。受众对于信息的索取更强调内容的多方向表达，传统电视媒体的多元化传播，会让整个新闻节目的信息发布变得更具时效性，互动也更加顺畅。"三网融合"的应用是更加趋于成熟的多元媒介形式的电视化表达过程，新媒体与传统媒体的互动激发了受众收看新闻的兴趣，也是如今电视新闻表达节目内容的新方式和新手法。

第二，"微"媒体传播下的节目互动方式融合。微博、微信的传播节目信息特色在一定程度上打破了节目对于播出时长的限制，受众可以随时打开手机客户端，对所看到的新闻内容进行评论，或者是对于新闻主播所抛出的互动话题进行留言参与。

在收看节目的同时，节目与受众的互动则体现在节目中的奖品奖励机制，参与节目的新闻话题互动，受众就有机会获得栏目组提供的幸运奖，这也再度激发了受众的收视热情和节目的参与度。借助微信的传播效果，打破了电视媒体与观众的互动局限性，也压缩了在节目播出时间范围内，受众和节目传播所需要打破的时间概念，透过新媒体的微信公众平台及微博账号，节目组的新闻记者与电视受众可以更为顺畅地进行互动，而且也大大解决了观众和新闻记者沟通困难的问题，使节目的传播效果更加顺畅。节目还可以借助自身与网络上的舆论"大咖"的交流，依据节目的公信力以及意见领袖的社会舆论影响力来提升节目的品质和自身栏目的价值。在与节目受众进行互动的过程中，加深节目对民生问题的关注度以及攻克民生问题的程度，做到为百姓解决报料新闻的难点问题。在相关媒体的官方微信、微博客户端上互相加关注，在一定程度上借助于新媒体客户端的互动、交流，加大节目自身新闻点的发掘，也会为受众对于栏目兴趣的产生起到一定的助推作用。

二、电视民生新闻融媒传播力的深度探索

新媒体时代的到来给传统电视媒体带来了冲击，因此电视民生新闻应在融媒进程中不断地进行深度探索媒体融合后的传播效果，以保证融媒后的电视民生新

闻能够在全新的新媒体融合环境下保持持久的节目生命力。

媒介环境即一种社会情境，其中包括一切可能影响到媒介发展的因素。媒介环境的概念最早起源于 20 世纪 60 年代，由加拿大传播学家马歇尔·麦克卢汉提出，这使最初期的媒介环境被定义为一种社会情境的表达。而后，波斯曼表达了对媒介环境学的理解："媒介环境学研究人的交往、人交往的讯息及讯息系统[①]。"具体地说，媒介环境学研究传播媒介如何影响人的感知、感情、认知和价值，研究我们和媒介的互动以及如何促进或阻碍我们生存的机会。在如今媒介融合迅猛发展的时代背景下，电视民生新闻需要理清思路，找到合适的方法来进行深度的探索，在全新的媒介环境下成长进步。

（一）电视民生新闻节目的品牌化发展战略布局

电视民生新闻始终秉持"内容为王"的原则，进行节目的制作和打造，但是传统电视媒体现在也需要和互联网上的新媒体一起，共同面对供应节目信息方式的转变。如今的电视媒体供应商，在新媒体的融合大局之下，除去自制新闻节目的精品化保证之外，节目的官方微信公众平台的视频转发、节目微博的分享互动等也都应保证节目精品化的大局意识，只有保证了节目内容和包装后的品质，电视民生新闻节目的收视率和广告赞助才能在一定程度上保持平稳发展。

（二）电视民生新闻节目的媒介策划营销

面对电视民生新闻传播方式不断改变的现状，我们要学会对有关的媒介市场营销进行宣传和改进。传统的企业依托于报纸、广播、电视进行商品宣传的姿态，在新媒体兴起的时候就发生了悄然的改变。一大批企业将自身原来在电视、广播以及纸媒当中的广告投入量逐步降低，进而攻占互联网市场。面对自身广告赞助商转向其他媒介进行营销宣传的现状，电视民生新闻栏目在保证自身节目品质优良的前提下，还要试图依据自身节目的竞争力去吸引其他需要进行广告宣传的企业来进行投资赞助，争取本地的企业广告资源，并做好线下的受众互动体验活动，增强节目的活力，进而使关注节目的受众和节目之间的关系变得更加紧密，也方便为潜在的广告商提供宣传的观察思考平台。除去线下的活动可以为广告商进行宣传之外，电视民生新闻节目组的团队成员还可以策划线上的赞助商产品展销，凭借栏目自身的品牌影响力来对网络上的赞助广告产品进行宣传与营销，从而达到广告商对于市场宣传的虚拟环境的盈利模式。

[①]（美）林文刚. 媒介环境学 ［M］. 何道宽，译. 北京：中国大百科全书出版社，2019.

（三）电视民生新闻节目的产业链发展探索

传统媒介的传播方式在与新媒体融合的过程中，传统的观念也应及时进行更新。现在的电视内容供应平台，传递给受众更多的是不同类型的鲜活电视新闻信息，在已具备互联网终端的新媒体格局下，传统媒体应该认识到自身发布的内容会通过不同的媒介传递给受众，而如今的电视的众也从传统的电视受众过渡到了全媒体用户这一阶段。这也就决定了以内容平台为传播起点的信息，可透过网站、出版物、广播等更为多元的传播渠道传播到更多的用户身边。

存在于产业链条件下的电视民生新闻节目需要适度调整自身的节目架构，筛选出节目内容的"含金量"，多抓民生"大新闻"。从"小故事"中找到典型的新闻，多挖掘新闻的深度报道，在多种媒介方式争夺收视用户的关注度时，其报道新闻的角度和深度特质决定了电视民生新闻在和其他媒介竞争中依旧有一定的优势。如果与新媒体平台上的内容相比较，电视民生新闻一定会在自身的深刻度和报道的严谨性上获得更多受众的认可。但是，如果受众想得到较新鲜的第一手新闻信息的话，新媒体凭借其自身的传播速度优势，就会成为不二之选。无论是新闻网站，还是手机 App 新闻客户端，或者是微博、微信等平台，都在以各自的角度去传递新闻信息内容。所以，面对多角度产业链环境，传统电视新闻媒体人要适应融合媒体环境下的各自优势和自身定位，做强做深自身的民生角度新闻。因此，在融合进程中，既要学会媒介间的优势互补，也要适时学习探索全新的报道方式，在"互联网＋"全媒体时代下，努力找到电视民生新闻在新媒体融媒背景下的全新发展思路。

第八章　传媒事件营销

第一节　传媒事件营销的相关概念和理论基础

一、传媒事件营销的内涵

"营销"颇能体现中国文化的特色，"事件营销"是指企业整合自身的资源，通过借用社会关注焦点，策划富有创意的活动或事件，使之成为公众关心的议题，吸引媒体的报道与消费者的参与，从而达到提升企业形象、扩大产品销售的目的。企业在事件营销中利用重大历史事件做广告，若运用巧妙则可以产生深刻影响。但凡企业借艺术、音乐、文化、体育、环保或社会责任之名而从事的公益活动，由于其具有非商业性的本质以及提升受众生活品位的功能，所以较易受到大众传播媒体的重视和报道，从而塑造企业的良好形象，增强消费者对企业的信心。

传媒运营中的事件营销是指传媒为了达到某种目的或实现某种目标，在一个特定的阶段，针对一定的组织或群体，利用自身的传播优势，并整合各种社会资源而举办各种类型的活动，以提高自身知名度、美誉度和影响力，形成多赢局面的营销策略。

二、传媒事件营销必须具备的要素

事件营销作为一种营销方式，和其他营销方式一样，必须在准确定位的基础上，以独特的创意为前提，吸引受众广泛参与。

（一）准确的定位

按照美国营销学者、定位论的发明人艾·里斯（AL Rise）和杰克·特劳特（Jack Trout）对"定位"一词的解释，定位即根据你的预期客户的想法来确定一项服务、一种产品甚至一个公司的形象和地位。也就是说，在你的预期客户的头脑中，给你要"推销"给客户的东西确定一个合理的位置。而事件营销，是通过制造有"热点新闻效应"的事件吸引媒体和社会公众的兴趣和注意，在预想客户心目中留下你预期宣传和推广的形象和定位，以达到提高社会知名度，塑造企业良好形象，最终促进产品与服务的销售目的。由此可以看出，事件营销的着眼点在于制造或者放大某一具有新闻效应的事件，以期让传媒竞相报道，进而吸引公众的注意，即所谓花小钱办大事。那么策划事件营销时需不需要定位呢？或许有人认为事件营销的中介——某一个具有新闻效应的事件已经有足够大的影响力和吸引力，全社会的民众都会受影响的，没必要费心思去定什么位了。事实真的如此吗？不是的[①]。

事件营销第一步是定位，是摸清大众的心理倾向。但这还远远不够，还需进行第二步——创意。

（二）新颖的创意

创意就是财富。没有别出心裁的创意，即使准确把握了大众的心理，也不可能真正颠覆对手，获得成功。创意指数越高，被关注程度也就越高，营销成本也会相应减少。

1985 年，海尔公司张瑞敏怒砸问题冰箱事件，就是中国企业注重产品质量的典型事件，也因此成就了海尔公司注重企业管理、注重产品质量的形象。这一事件现在已经成为无数大大小小的媒体、书刊，甚至高等院校课堂上讲述产品营销的"经典案例"。这就是创意决定效应的最好诠释。

（三）广泛的参与度

创意会让大众眼睛一亮，让他们对某一事件投入更多的关注。在充分的市场调研的基础上，把握大众心理而推出的创意是暂时打开了受众心里的第一道门，还需努力去建立受众的忠诚度。事件营销如果能够让受众广泛关注也就成功了一半，不过，想要达到产品和服务的最终销售还需要在提高大众的参与度上下工夫。

受众的互动参与是传媒事件营销成功的临门一脚。众所周知，腾讯公司近几年迅速崛起，究其原因，除了腾迅公司推出了 QQ 聊天平台之外，主要是因为他们非常注重网友们的互动参与。点开 qq.com，看到每则新闻，网友们均可以针对新闻发表评论，开创了门户网站浏览新闻的先河。网友们看到热点事件，总想评头论足一番，而腾讯刚好提供了这个平台，自然让网民情不自禁地"高谈阔论"。由于能够融入网民的生活，当然赢得门客无数。

还有这两年比较热门的"超级女声""星光大道""梦想中国"等电视节目，

① 白传之，马池珠. 电视媒体融合创意论［M］. 济南：山东人民出版社，2020.

都因为给观众提供了互动参与的平台而迅速火爆。有了平民的参与，舞台不再是专业演员的专属。观众们边看节目边参与节目互动就好像看身边的邻居甚至自己上台一样，节目火爆也是自然而然的结果。

第二节　传媒事件营销的特点和优势

一、传媒事件营销的特点

事件营销通常借助社会热点、重大事件进行策划和实施。它可以为传播媒介赢得"眼球"，发掘新闻资源的利用率，强化传播效果，塑造传媒品牌。传媒事件营销具有周期短、投入产出比高、见效迅速、传播广泛等特点。

（一）突发性强，时间紧迫

利用突发事件营销，要求传媒从业者能在最短的时间内迅速做出反应，第一时间要抓住传媒事件的重点、热点，体现其突发性，在重大事件中抓住时机，赢得成功。

（二）有可利用的"热点新闻"，投入产出比高

事件营销中的"事件"本身具有生动性和新闻性，借助事件做营销传播通常会获得更快更多的回应。广告教父大卫·奥格威说："阅读普通文章的读者数量是阅读普通广告的读者的 6 倍。"一个读者接受新闻的能力是接受一则广告的 6 倍。事件营销的高效率由此可见一斑。

事件营销被誉为撬动市场的"四两拨千金"的利器，许多企业纷纷将其作为品牌传播的急先锋。

（三）有媒体的高频率报道助阵，见效迅速

事件营销所包含的新闻价值和公众话题性，使其有很强的传播能力，能够以最快的速度、在最短的时间创造最大化的影响力。如果抓住社会热点、聚焦公众事件，会引起其他媒体的广泛响应，成为其他媒体传播的重点和中心，事件营销效力也会迅速显现。例如湖南卫视推出的《某某女声》节目，除了给湖南卫视赢得丰厚的广告、短信收益外，也让为之冠名的某某集团名利双收。这次合作使得其果味奶一跃成为全国果味奶的龙头，销售量和市场覆盖率都跃居国内同类产品第一位，这就是媒体事件营销的优势所在。

（四）具有广泛的受众面，传播广泛

事件营销大多选择社会热点事件，其必然会促使大家津津乐道、相互传播，

进而扩大了事件传播的广度和深度。

利用新闻事件营销是在连续的报道中有节奏地呈现"开头、发展、高潮、结局"等各个阶段，由于事件性新闻报道中不断抖"包袱"，冲突迭起，一波三折，因此加大了新闻影响的强度，延长了新闻持续的时间。传媒在一个时期内反复传播同一个新闻事件，就会使新闻本身在公众"议程"中占有重要地位，激发"多级传播"，扩大新闻的影响面，达到核裂变的链式反应效果。

二、传媒进行事件营销的优势

传媒是特殊的行业，它们有"国家行政部门赋予的权力"，相对于其他企业或社会团体，开展事件营销有其独特的优势。

（一）传媒自身具备的传播渠道优势

由于传媒本身就是一个传播载体，是信息的集散地和传播平台。这一特性使媒体对于自身的宣传推广有着得天独厚的优势，它包括信息收集优势、传播渠道优势、资源整合优势、可信度优势等。随着社会的发展，媒体不仅仅是历史忠实的记录者、信息高效的传播者，还是资源的整合者、理性的分析者、事件的参与者以及时代的推动者。

（二）传媒的社会影响力及资源整合能力

影响力就是经济。传媒作为产业的经济本质是"影响力经济"。传媒通过对信息的组织和传播而获得受众的影响力。这种对受众的影响力资源即是中国媒体赖以生存的广告消费者（广告主）所感兴趣的地方。一个媒介产品的传播如果能够为社会的主流人群在社会文明发展的进程中提供卓有成效的信息支撑、知识支撑和智慧支撑，能够影响市场消费，影响人们的社会行为，甚或对社会决策、社会进程产生影响，那么，这个传媒对社会的影响力就会很大，由此而带来的社会效益和经济效益也会十分巨大。我们知道，广告消费者总是选择对目标市场主流消费人群有影响力的传媒投放广告。依靠广告生存的传媒要想获得广告主的选择，就必须培养起对应目标市场主流消费人群的影响力。传媒在这个市场的影响力越大，被广告消费者选择的机会也就越大。

当传媒对受众的影响大到足以对他们的社会决策和生活的各个方面都产生影响的时候，对于广告商来说也是最愿意为之付出高额广告费用的时候。当今我国的传媒行业由于其特殊性，其影响力长期存在。媒体可以有效利用这一独特的影响力优势来有效整合各种社会资源，为自身营销服务。

事实证明：媒体的级别与其自身的影响力呈正相关关系。媒体的级别越高，其影响力也就越大，整合社会资源的能力亦越强。CCTV 在中国的影响力、其广告价格的不断上升，就是最有力的明证。

（三）传媒的公信力

传媒的公信力也是一种资源。在某种意义上讲，媒介在公众心目中建立起来的公信力就是传播市场最主要的竞争力。其作为一种无形资产已成为各媒体在竞争中取胜的重要砝码。这是传媒开展事件营销的前提和基础，也是其他社会机构无法替代的。

（四）传媒进行事件营销的成本领先优势

事件营销的成功离不开强有力的宣传推广，需要在短时间内建立起事件的知名度和关注度，也就是人们通常所说的造势和吸引人气。传媒进行事件营销，成本优势显而易见。同样一场活动，由企业举办，用于宣传和炒作的费用肯定是一笔巨大的开支，而如果由媒体举办，活动则可以省去大量的这类费用，大大降低活动成本。传媒掌握着社会的传播资源，可以随时根据自身的发展需要和规划，精心策划事件、策划新闻主题，向公众传递目标信息；不需要支出巨额的广告费用，就可达到扩大影响的目的。不仅如此，如果能紧紧抓住社会热点、聚焦公众事件，以合作、冠名、赞助、捐赠等方式取得政府部门或者社会组织、团体的支持，还会引起其他媒体的广泛响应，成为其他媒体传播的重点和中心，记者自然会主动为"营销"推波助澜，顺理成章地降低了事件策划者的营销成本。

（五）传播媒介受众的广泛性与手段的隐蔽性

事件营销的载体是发生在国际或国内具有重大意义的新闻事件。这些事件包括重大体育赛事、重大科技发现、重大社会事件等，往往公众关注度高，注意力持久，社会影响大。与传统营销手段相比，消费者较难发现"新闻事件"背后媒介的宣传行为，相反，容易在公众心中形成"热心公益、关心国计民生、关心社会进步"等良好口碑。另外，传播媒介所办"活动"，由于受到传媒品牌影响力的辐射和报道资源的支持，所聚集的能量、获得的注意力与关注度，远远高于一般企业举办的活动。

（六）传媒策划事件的人才资源优势

每个传播媒介都有一批深谙媒介运营规律、有丰富实践经验的人才，他们洞悉社会的热点、了解受众的需求，能及时觉察新闻事件的价值所在，由他们所策划的事件营销更容易实现预期的目标。媒体根据自身特性和资源优势量身定做营销方案，反映出媒体对市场的感悟度和操作能力，这是媒体的一种营销方式，也是媒体在营销"事件"。

第三节　事件营销在企业营销中的地位

企业营销的理论千千万万，各家有各家的学说和看法，但对于事件营销在企业营销中应有的地位，却没有一个统一的认识。实际上，事件营销早已与企业营销有了千丝万缕的关系，只是我们没有注意到罢了。

一、事件营销与各种市场营销的关系

（一）事件营销与营销事件

事件营销与营销事件不是一个概念。前者是目标，后者是手段。前者是形式，后者是内容；前者是理念，后者是操作；前者是结果，后者是过程。事件营销的目标是要实现企业营销的创新和突破，而营销事件则是实现这种创新和突破的手段；创新和突破是一种理念，一种思想，而营销事件是这种理念和思想在事件营销中的具体表现；事件营销是一种形式，是企业营销与时俱进的一种反映，营销事件则是这种形式的具体内容，没有营销事件这种内容，就不会有事件营销这种形式；以事件营销来达到创新与突破是一种结果，是企业营销的状态，而营销事件则是实现这种结果的具体过程，只有通过对营销事件的利用和把握，才能实现事件营销的创新与突破这个结果。所以，事件营销与营销事件是一个问题的两个方面，他们既有区别，又有联系，只有拥有事件营销的理念、思想、观念、知识、理论、技术，才能利用好营销事件，只有通过营销事件才能实现企业的事件营销。因此，营销事件与事件营销是密不可分的。

（二）事件营销与科学营销

要实现事件营销，必须以科学营销为基础。科学营销是优秀的事件营销的基础。当我们能做到营销的科学性，也就保障了事件营销的成功性。由于营销事件的发生还有其偶然性和不确定性，其发展方向和可利用性都是随着事件的发生和发展而不断变化的，因此要注意把握好借势与反借势、造势与反造势、文化内涵、风俗习惯等能量变换的影响因素。

科学营销是实现事件营销成功的最好方法和途径，探讨事件营销，就必须以科学营销思想和理论为基础。所以，科学营销是事件营销的重要组成部分。

（三）事件营销与可持续营销

事件营销是把营销事件与企业文化、品牌策略、市场形象结合起来的一个长期战略。所以，事件营销不能仅关心眼前的营销状态，更要关心未来的营销状态。事件营销的创新和突破与企业营销的长期战略本身就是矛盾的两个方面。事件营销的设计与利用应该为未来的企业发展、品牌建设铺平道路，而不是给未来的企业营销留下巨大的风险。所以，事件营销就是一种可持续营销，长久的发展战略和经营方向就是事件营销的可持续发展状态，可持续性是事件营销的又一个必须要注意的方面。

（四）事件营销与知识营销

事件营销应该是一种看来非常富于知识性的营销观念，其产生和发展是知识经济迅速发展的必然结果。知识营销是指通过知识资本的积累、信息的运用、技术及其产品的不断创新，满足市场需求，依靠智力快速创造企业价值，实现企业营销战略的一种管理活动过程。知识营销的内涵有：一是知识营销强调企业产品与企业文化理念和企业精神、价值观的结合，我们在事件营销的文化内涵一节讲的就有这一点；二是知识营销是以先创造需求并满足需求为其市场导向的；三是知识营销要求销售人员具有一定水准的专业知识，了解与企业产品相关的科普知识，担当起向消费者传播科普知识的重任；四是知识营销注重无形资产投资，不断创造新的需求市场；五是知识营销强调经济效益、社会效益和环境效益的紧密结合。而这些正是事件营销所要追求和所应具备的。

（五）事件营销与绿色营销

绿色营销指的是企业在充分满足消费需求、争取适度利润和发展水平的同时，注重自然生态平衡，减少环境污染、保护和节约自然资源，维护人类社会长远利益及其长久发展，将环境保护视为企业生存和发展的条件和机会的一种新型的营销观念和活动。绿色营销是一种能够辨识、预期及符合消费者与社会需求，并且可以带来利润和可持续经营的管理过程。绿色营销以常规营销为基础，强调把消费者需求、企业的经济利益和社会环保利益三者有机地统一起来。绿色营销最突出的特点就是充分地顾及到环境保护问题，体现出强烈的社会责任感。绿色营销要求企业从产品设计、生产、销售到使用的整个营销过程都要充分维护环保利益，做到安全、卫生、无公害等。绿色营销是一个复杂和系统的营销过程，需要开展一系列基础性工作。而这些正是事件营销所应注重和努力加以实现的。

二、事件营销与企业个性特征的关系

每个企业都有自身的特点、文化、习惯和规模，也处于不断变化之中，那么是否每个企业都可以做好事件营销呢？或者说事件营销是不是适合每一个企业呢？答案是不一定的。这里我们简单分析一下事件营销与企业个性特征的关系。

（一）事件营销与企业的社会责任感

关于企业社会责任，目前国际上也没有一致统一的定义，一般认为企业社会责任就是企业在创造利润、对股东利益负责的同时，还要承担对员工、对消费者、对社区和环境的社会责任，包括遵守商业道德、生产安全、职业健康、保护劳动者的合法权益、保护环境、支持慈善事业、捐助社会公益、保护弱势群体等。企业社会责任超越了以往企业只对股东负责的范畴，强调对包括股东、员工、消费者、社区、客户、政府等在内的利益相关者的社会责任。企业社会责任最基本的是企业的法律责任，包括遵守国家的各项法律，不违背商业道德。在高层次上是企业对社区、环境保护、对社会公益事业的支持和捐助。

企业社会责任的本质是在经济全球化背景下企业对其自身经济行为的道德约束，它既是企业的宗旨和经营理念，又是企业用来约束企业内部包括供应商生产经营行为的一套管理和评估体系。企业社会责任还强调企业对消费者、对环境的社会价值，注重企业对社会的贡献。事件营销中也同样体现着企业的社会责任感，比如像我们在案例中分析的农夫山泉为申奥捐献一分钱的活动，就不仅仅体现了企业的社会责任感，而且唤起了全民的责任感和爱国精神，可以说是一个完美的事件营销。

（二）事件营销与企业信息化

随着时代的发展，我们每个企业都敏感地感受到来自互联网发展的压力，我们必须紧跟时代，拥有一种具有进一步增强竞争能力、提高产品质量和售前、售后服务、价格先导的商业模式才有可能成功。这种新的商业模式靠的是企业、企业价值观、可替代产品、竞争力和成本方面的信息反馈，电子商务就是集合了这些优势的新概念。然而，电子商务并不是空中楼阁，它只有建立在一个坚实的基础上才有强大的生命力，企业信息化就是电子商务的基础。一说起企业信息化，人们最先想到的往往是电脑、网络、软件、服务器等软硬件设施。但事实上，项目的实施和规划才是成功的关键所在。因为找到信息化所能解决的根源问题才是实施信息化的首要目的，而对于一个集团企业来说，相对于一般单一企业的实施规划来说，还存在着诸如地理因素、关联因素、领导管理因素、统筹规划难等问题，如何保证项目实施策略的正确？如何保证项目目标和策略的合理？如何保证项目管理的科学？如何保证目标推进和有效？能否很好地解决这些问题将直接关系到企业信息化的成败、实施质量的高低、实施成本的控制等最终结果。

我们在前面谈到事件营销的时候，一再强调事件营销是一个完整的规划，它需要策划、管理、科学推广、保证实施等。而所有的这一切，都是与企业的信息化分不开的。尤其对于像我们国家超大型国有控股企业较多的局面，信息化系统的实施是一项庞大的工程，而且越是大型集团越是需要重视基础管理信息化。实践经验表明，正确的实施可以大幅提高企业信息化建设的成功率，而每一个企业特别是集团企业，都具有鲜明的企业个性特征，在具体项目实施过程中，除了把握好以上关键环节外，一般还会涉及一些特殊环节，因为企业是一个有机的整体，正确实施事件营销是一个浩大的系统工程。而且只有企业自己最了解自己，只有在深刻了解的基础上才能把合理的信息化改造与事件营销策划完美的结合在一起。

（三）事件营销与企业的人员素质

事件营销比一般的市场营销对人员的要求要高，因为事件营销不仅仅要求有创意、创新的策划人员，而且也要求有很强的执行能力的销售人员。所以，进行事件营销的企业要整合企业的人力资源，增强企业的内部凝聚力，创造企业的生机，从而使企业更具有生命力和竞争力。

进行企业事件营销人力资源的整合，应主要围绕提高企业向心力，加强组织修炼为主，具体说来可分为以下几个方面。

1. 企业发展共同愿望

这种共同愿望是个人愿望与组织愿望的结合，使每个人都可以通过在组织中努力进取从而实现自己的人生价值。企业应根据本企业的实际情况制定相应的共同愿望，应将共同愿望的宗旨融于企业文化之中，进而内化为每个人内心的追求。把事件营销的实施和企业共同愿望的实现相联系。这样，就会使共同愿望带有每个人追求的激情和强烈的情感，在事件营销的策划和实施中，这种情感将是事件营销成功的必要保证，人们也将更加真心诚意地全身心投入工作。

2. 培养企业价值观

企业价值观的核心是企业的使命或企业存在的目的，这也是企业文化的内核。企业存在的目的是为人才最大限度地发挥创造力和活力、实现自我价值的工具。人才是为了自我实现，为了达到个人发展的最高目标才加入企业组织的，所以应该形成以人才为核心的企业文化。事件营销更是体现企业文化，发挥人才能力的必要武器。

3. 充分进行内部沟通，营造信任氛围

加强企业的内部沟通，可以建立企业成员间协作时的信任感，培植融洽、和谐的工作氛围。尤其是领导应该加强与员工之间的沟通，可以博得员工对企业的信任和热爱，有利于激发员工的工作士气。对整个事件营销的策划、过程、投资

情况、想要达到的目的、执行过程中可能出现的情况等都向员工说清楚，遇到的实际情况也应和员工一起分析清楚，做到有的放矢、有备无患。这样既增加了事件营销的成功可能性，又有利于企业的长远发展。

（四）事件营销与企业实力

对事件营销的适用对象，通常的看法认为，比较适用于中小企业。其实许多著名的企业也是因为事件营销采用社会新闻方法运作迅速扬名的，如 IBM 导演的人机大战、海尔砸冰箱、富亚喝涂料等。

可以说，大企业、大品牌也是从小企业、小品牌一步一步走过来的，实际上，事件营销作为一种企业传播手段，大企业可以用，小企业同样更需要，其关键在于如何利用与策划，事件营销与企业实力之间并没有一种正比例的关系。

（五）事件营销与企业的团队合作精神

团队并非人的简单聚合，从要素看，团队必须具备共同目标、文化认同、有效组织、团队首脑四大要素；从结果看，团队必须实现"整体大于个体之和"。

事件营销的策划与实施应该是一个团队合作的结晶，这个团队应该有明确的目标，准确的分工，为了事件营销的成功而共同努力。

在团队四大基本要素中，共同目标、团队首脑已为大多数团队所具备，组建有效团队需要着重解决两大瓶颈：一是文化认同，二是有效组织。文化认同反映了团队的价值取向、包容性和排他性，它是联结团队成员无形的纽带。优秀企业的业务员基本上是按职能分工，业务员基本上只从事单项职能，当然通常是自己最擅长的那项职能。

一个优秀的、可以实现良好事件营销策划和执行的团队应该是这样形成的。

1. 团队的形成需要一位卓越的领导

除了作为一个领导者所具备的素质和职业技能外，这个领导更要有把握方向和机会的能力，这一点对团队发展非常重要。同时，他要客观、公平、无私，通过制定公平、合理、透明的考核机制，来约束和激励团队创造更大价值。

2. 团队的形成需要核心成员来巩固、贯彻和传承

核心成员的人格魅力和职业技能尤为重要，他们是团队文化的创立者，对团队起到传、帮、带的作用。

3. 团队的形成需要成长的历史背景和事件机会

成长的经历和平台是决定团队定位的重要因素，对人的评价结合个体成长的历史背景体现在对事件的认识和处理方法。

4．团队需要创立一种文化，认同团队文化和价值取向是核心

必须使个体的价值取向和利益分配与团队的价值取向取得双向认可和尊重。这个文化应具有包容性，尊重个性，并使其具备新鲜活力。同时这种文化要注重培养每个人的集体荣誉感和主人翁精神。

5．管理上必须严谨

贯彻执行坚决到底尤为重要，业绩完成和考评机制是衡量的标准。这些管理机制和体系需要不断创新和完善，不断进步升级。

6．团队发展过程中遵循"人适其位"原则

挖掘每个人的潜能，给予其职业发展机会，以使组织的能力和容量增加，核心成员需要深入了解个体的品行和发展需求。同时，团队的发展也会促进个体的职业发展。

7．团队的形成需要感情投资

感情投资必不可少而且应持之以恒，中国人比较注重感情交往、忠义之道，这也是凝聚团队的手段。

8．培训是最为重要的手段和策略

行之有效的培训是一对一培训和实地培训，只有这样才能有效传承团队文化和职业技能，而被培训者则更加钦佩和向往这个团队。

9．团队文化建设中一个重要内容是培训体制和氛围的建立

企业、领导、部门、个体互动培训和学习，注重企业或领导对外的开放式交流，引进更新、更高效的理念和机制，并做到循环式上升培训。培训机会和投资必不可少，而且要形成培训机制和体系，注重团队长期发展的需要，形成学习型团队。

10．团队发展必须有人力资源储备

保证团队充满新鲜活力，同时促进其公平、公正的竞争，促进团队内部更新，不断促进团队升级。

三、关于开展事件营销的几点建议

事件营销，就是企业抓住社会上的热点事件，巧妙策划出某一话题或事件，使人们的注意力由关注热点事件转到关注企业的方向上来。事件营销的高层次运用应该是将企业的品牌形象融合到热点事件中，当人们关注热点事件的进行与发展时自然而然地想到某个品牌。而事件营销在广告中的运用得当与否直接决定其广告效应，要想利用事件营销取得满意的广告效果，必须注意以下两点：第一，品牌特征与事件的内涵是否契合。在进行事件营销时，一定要对企业和品牌的特点进行准确的提炼，以之为诉求的广告能诠释所关注事件的内涵。提炼出产品或品牌的特点，然后不失时宜地将其与所关注的事件联系在一起，就可以达到借力发力的传播效果。这种相关联的手法运用得好，比起单纯加大广告力度更能够引起受众关注。第二，事件营销的时机是否恰当。重大事件一般会成为一个时期的热点，有很强的时效性。因此，企业在利用事件营销时一方面要有一定的前瞻性，另一方面要反应迅速。

（一）事件营销与热点事件的结合

所谓热点事件与事件营销相结合，顾名思义，是指企业通过精心策划、组织，将某一具有名人效应、新闻价值以及社会影响的近期热点人物或事件与自己的宣传目的相结合，从而达到提高企业或产品的知名度、美誉度，树立良好品牌形象，并最终促成产品或服务的销售目的的手段和方式。

在我们身边，每天都不乏热点主题，祖国申奥是热点，一年一度的节庆日也可称为某一阶段的热点。近年来，随着我国经济以及资讯化的蓬勃发展，广告主的广告意识也迅速觉醒，越来越多的企业开始放大自己的视野，想搭上某一热点主题的顺风车。

（二）事件营销与文化品位的结合

人类创造的所有产品，除了必须具备各自的特有属性，以利发挥它的主要社会功能之外，一般还得给人以美的享受和文化熏陶，这就要求产品必须有尽可能高的文化品位，而文化品位的高低又影响着产品能否最大限度地为人们接受从而使其社会功能得到充分的发挥。当然，强调文化品位，特别需要对文化产品提出更高的要求，而事实上文化产品又不一定就是文化品位高的产品。

评价某一产品文化品位的高低，固然与传统的习俗有很大关系，但更多地却体现着生产者和消费者的文化素养、思想品格和艺术情调。文化品位的全面提升是社会进步的重要标志。提高产品的文化品位，是营销工作者的共同责任，大家都要自觉为之努力。

事件营销也有一个文化品味的问题。像有的事件营销策划除了使人好奇、震惊，给人留下深刻印象或感觉到"美"、悠扬、富于韵味以外，还可以使人有一种回味无穷的感觉，这就是事件营销文化品位高的表现。

（三）事件营销与经济发展趋势的结合

当今世界经济正以势不可挡的趋势朝着全球市场一体化、企业生存数字化、商业竞争国际化的方向发展，以互联网、知识经济、高新技术为代表，以满足消费者的需求为核心的新经济迅速发展。事件营销需要识别顾客的需求和欲望，确定某个组织所能提供最佳服务的目标市场，设计适当的产品、服务和计划方案以满足这些市场的需要，其目的是通过与重要的客户建立有特定价值倾向的关系，使顾客满意并且获取利润。也就是说，未来经济的发展趋势就是新经济大行其道。

新经济的特性主要有三点。首先，企业越来越注重将价值从有形资产转移到无形资产上。企业扩张的活动越来越频繁，与旧经济时代相比，更加注重对无形资产的利用和控制，同时也更加关注无形资产所带来的价值。其次，价值从提供产品的企业，转移到不仅提供产品同时提供低价且高度个性化产品的企业，或者能够提供问题解决方案的企业。最后，企业可以方便地通过数据管理来降低成本。

事件营销要努力地与经济发展趋势、特别是新经济的发展结合起来，具体来说有：开发电子商务和电子交易，建立和使用数据库进行客户管理，注重客户终身价值、客户价值管理、客户利益以及客户收益率，将推广资金从概括性的广告中转移到更加直接的推广活动中，用新的方式建立品牌，向电子化和无纸化方向发展，与雇员、顾客、供应商及分销商结成战略伙伴。一言以蔽之，就是要把事件的局面做大，大到包括新经济、新规则、新伙伴的地步。

（四）事件营销与群众心理的结合

群众心理具体可以细分为群众审美心理、群众需求心理、群众消费心理等。事件营销必须要与群众心理结合好才有可能得到人民群众的认可和受到群众的喜爱。

第四节　事件营销分析

一、事件营销的文化内涵

（一）事件营销注意事项

关于事件营销的策划，有以下几点需要注意。

第一，事件营销必须要有文化的支撑点。就像品牌的最大价值在于与文化的支撑点一样。一个有文化内涵的品牌才会有持续的生命力和价值。同样，只有有了文化的内涵，事件营销才有可能成功。

第二，文化具有整合性。中华文明源远流长、绵延不绝，就是因为中华文化除了自身具有顽强的生命力以外，其对外来文化同样具有包容性和整合性。所以说越是民族的，就越是世界的，越是文化的，就越是长久的。企业生命力要想更长久一点，就要让产品生命力更长久一点，那么一定要把文化的内涵注入进去，让产品生命力长久化。事件营销也必须有民族文化的内涵，才有可能被广大群众所接受，因为你所面对的群众就是在这样的文化氛围里长大的，只有这样的文化氛围才能被他们接受。

第三，事件营销的核心在于文化的导入或者运用。大家都是在谈事件营销、做广告、搞策划、搞营销，但是什么样的事件营销需要导入文化，怎么样导入文化，在文化的内涵中，它的生命力是不是可以更加长久。

第四，文化也有许多种，像军事文化、经济文化、城市文化、传统文化、民俗文化、企业文化、品牌文化等，什么样的文化如何在市场中运用，如何运用才可以使自己获得最大的收益，这就是文化内涵的最大魅力所在了。

（二）事件营销的文化内涵在市场营销中的核心价值

唯有文化是可以拥有持续和永恒的价值，从古到今，文化的内涵在市场中的核心价值就很能体现这种价值。这里面我们可以用中国历史上具体的人物来说明这种文化的价值。

中国古代的诸葛亮是中国智慧的代表人物之一，但是在那个时代，其智慧是不能用在发展经济的，而是运用到了军事上。当时刘备只有三万人，带着两个兄弟，一个关羽一个张飞，当时可以说是走投无路，有人给他出主意，告诉他隆中有一个高人叫孔明，能帮助他，给他做策划。最后就出现了一个很有名的故事——三顾茅庐。三顾茅庐以后，诸葛亮在隆中分析了一下当时的各方形势。听了诸葛亮的分析，刘备经过深思熟虑后，就派人把孔明请了出来，给了他一个职位，是宰相，仅次于刘备，成了三国里面的一个策划人，拥有在当前社会里面，甚至古代社会里面最高的地位。他拥有了这样的地位以后，就开始实施他的文化策略和他的军事智慧策略，之后是火烧赤壁、西入四川，为刘备建立蜀国奠定了基础。因此用对一个策划人，就可以得到一个满意的结果，这是对于中国策划业最高的奖赏。

二、事件营销中借势的具体应用

（一）借名人进行事件营销

名人是社会发展的需要与大众主观愿望相交合而产生的客观存在。在传媒发达的今天，名人往往拥有很高的曝光率和号召力，借助名人的影响来提升品牌和推广产品，已成为当下一种有效的营销手段。现在广告界流行请名人做产品"形象代言人"，实际上就是一种向名人"借势"的方法。

根据马斯洛的心理需求层次理论，当购买者不再把价格、质量当作购买顾虑时，利用明星的知名度去加重产品的附加值，可以借此培养消费者对该产品的感情、联想，来赢得消费者对产品的追捧。现代营销理论认为，让消费者在众多相似的同类产品中记忆其中一个产品是比较困难的，但如果通过一个有特点的公众人物来引导消费者记忆，往往会起到良好的效果。当然公众人物的特点应与产品的某些特性是相呼应或吻合的，比如运动类产品应找著名运动员或年轻有活力的演艺明星，儿童类产品则最好找童星。

（二）借体育进行事件营销

主要就是借助赞助、冠名等方式，通过所赞助的体育活动来推广自己的品牌。

体育活动已被越来越多的人所关注和参与，体育赛事是品牌最好的广告载体，体育背后蕴藏着无限商机，已被很多企业意识到并投入其间。

利用体育进行事件营销作为一种软广告，具有沟通对象量大、传播面广和针对性强等特点，受到了越来越多的品牌和商家的注意。

（三）借新闻进行事件营销

指的是企业利用社会上有价值、影响面广的新闻，不失时宜地将其与自己的品牌联系在一起，来达到借力发力的传播效果。根据企业的不同要求以及品牌，市场的不同，其具体的运作方式如下。

1．集中式

指在短期内组织大规模、多篇幅的软广告，硬广告及相关稿件集中于一定的版面或时段，形成较大的声势，具有强烈、醒目的效果。具体的如"神五上天"这一事件，在飞船上天后，利用这一事件进行事件营销的企业的广告立刻大量出现，有专用指定的，也有祝贺成功的，形成了巨大的声势，给市场造成了巨大的影响，博得了巨大的声势和效益。

2．系列式

指着重于组织介绍事件各个过程和侧面的营销策划，集不同角度的视点于一体，达到相当的深度和广度，使事件营销策划具有启迪性和延伸性。具体的如SARS期间的许多产品和服务的营销策划，就具有这一特点，从事件初期对医疗卫生组织、医院及医护人员进行捐赠和慰问，到事件基本控制住以后对卫生消毒的预防和重视等，无不显示出系列式的优势。

3. 连续式

指紧跟事件或问题的发展变化进行追踪,连续发出相关的软广告和介绍文章,反映其全过程,取得及时、深入、使事件的发生发展为我所用的效果。

4. 消费者参与式

指吸引消费者参与事件营销,借新闻进行事件营销是最常见最基本的营销方法,运用得好的话,其实能收到事半功倍的效果。

三、事件营销中造势的具体运用

"造势"是个新词,《汉语词典》《辞海》中都未见介绍。但它却是一个非常重要、与我们的生活息息相关的词。造势,就是造声势、造影响、造氛围、造舆论。老话说"境由心造",现在看来则是"势由人造"。龙从云、虎从风,人要从"势",时势可以造英雄,英雄也可造时势。具体到事件营销的造势,就是指企业通过策划、组织和制造具有新闻价值的事件,吸引媒体、社会团体和消费者的兴趣与关注,从而达到推广品牌,扩大市场的目的。"造势"词虽新,其实历史却久远得很。不过,比较起来,今人"造势"的水平和效率要更高。作家余秋雨《文化苦旅》的书稿出版后,征订数也不太多。于是他们发动传媒造势,书出版之前与之后的一个月间,组织写作300多篇评论稿在全国各地主要报刊发表,最终获得了成功。

所以说"造势"正在成为当今社会的一项频繁而重要的活动。一本书的出版,一部影视作品的推出,甚至包括一件新商品的问世,有无成功的"造势",那效果大不一样。结合我们的事件营销研究,"造势"成为一种基本的运用方法。

(一)利用舆论造势来进行事件营销

舆论造势指的是企业通过与相关媒体合作,发表大量介绍和宣传企业的产品或服务的软性文章,以理性的手段传播自己。关于这一点,国内很多企业都已重视到了它的威力,此类软性宣传文章现如今已经大范围,甚至大版面地出现在各种相应的媒体上。

(二)利用活动造势来进行事件营销

活动造势是指企业为推广自己的产品而组织策划的一系列宣传活动,吸引消费者和媒体的眼球来达到传播自己的目的。不仅仅企业如此,一个地区、一个城市、一个国家也可以如此。从每四年一次的奥林匹克运动会,到遍布各地的服装节、啤酒节等,都可以说是利用造势活动来进行事件营销。

（三）利用概念造势来进行事件营销

概念造势是指企业为自己产品或服务创造一种"新理念""新潮流"。国内就曾有一位企业家提出过：理论市场和产品市场同时启动，先推广一种观念，有了观念，市场慢慢就会做好。完全有了那种"一流企业创立标准"的风采。

四、事件营销与创意、创新

事件营销的发生、发展和成功是与不断的创意、创新分不开的。因此，在我国这个环境变化多端、竞争日趋激烈，消费者越来越成熟、越来越理智的市场中，要想赢得消费者、赢得竞争优势，必须在变化的环境中变革事件营销模式和运用具有创造性的事件营销手段。目前，企业所要面对的是更为激烈的国际竞争，所以事件营销创新成为当前企业营销管理的重要研究课题之一。

所谓事件营销创新就是根据营销环境的变化情况，并结合企业自身的资源条件和经营实力，寻求营销要素某一方面的优势或某一系列的突破，利用各种事件，采用借势、造势等手段赢得消费者青睐和实现产品销售成功的过程。在这个过程中，并非要求一定要有创造发明，只要能够适应环境，赢得消费者的心理且不触犯法律、法规和通行惯例，同时能被企业所接受，那么这种事件营销创新即是成功的。

事件营销创新是我国企业与国际竞争环境接轨的必然结果，亦是企业在竞争中生存与发展的必要手段。国内市场与国际市场的对接直接导致我国企业竞争环境的改变和竞争对手的增强。而要解决这些问题，则须从营销管理方面入手进行变革和创新。在这种情况下，事件营销创新是提高企业市场竞争力最根本、最有效的途径。同样的，通过事件营销创新，企业能科学合理地整合各种资源，并能提高产品的市场占有率。

五、事件营销创新的四大要求

美国管理大师熊彼特曾提出企业创新的五个有形要素，而事件营销创新属于无形要素范畴。事实上无论有形要素，还是无形要素的创新都需要一种思想或力量上的支撑。事件营销正是改变这种观念最直接、最有力的武器。从我国的营销现状出发，要想做好事件营销创新，首先应该达到以下四种要求。

（一）树立正确的创新观念

观念作为人们对客观事物的看法，它虽无形、看不见，却直接影响着人们的行为。所谓创新观念，就是企业在不断变化的营销环境中，为了适应新的环境而形成的一种创新意识。它是事件营销创新的灵魂，指挥支配着创新形成的全过程。企业只有把创新这一指导思想提上日程，才能使企业在变化中成长，在竞争中生存，事件营销创新亦能更充分地发挥作用。海尔的斜坡理论是众所周知的，其力推 OEC 管理，拉力就是创新，由此可见海尔已经树立起了创新观念，不断地在指引着海尔各方面的创新工作。管理上"以市场链为纽带的业务流程再造"的创新成果已经获得了全国第七届企业管理现代化成果第一名。有了以创意、创新为指导的企业观念，才有可能在事件营销方面也出现创新。试想，没有创新意识的企业，又何以谈事件营销创新呢？由此可见，树立营销创新观念是事件营销创新的首要条件。

那么，如何树立起正确的营销创新观念呢？首先要有明确的市场意识或市场营销观念。而在目前这种世界各大品牌纷纷进军中国市场的竞争现状下，企业须以创新求生存，以正确的营销观念为指导，还要有竞争意识，这是营销创新的内在推动。在全球一体化的环境下，我国企业所面对的是与国际成熟大企业的竞争，所以有必要以危机感和使命感来警告、鞭策。

（二）培养事件营销创新思维

思维是认识活动的高级阶段，是对事物一般属性和内在联系间接的、概括的反映。牛顿是从苹果落地开始研究万有引力的，而苹果落地这一普通的自然现象在我们生活中是常见的，还常常成为被人们感慨人生的对象，为什么有这样两种截然不同的结果呢？其实这根源就是思维。牛顿所拥有的是科学的思维，而那些感慨人生的人有的却是文学思维。正是这种科学思维使他发现了万有引力，且不断地发现了科学领域的诸多奥秘。那么，企业要想做好事件营销活动，就必须具备营销思维。事实上，事件营销创新的切入点就在生活中，或者说就在消费者身边。例如，有一项房地产项目的事件营销策划就是在其项目推广造势阶段，将项目的地理位置与国家乒乓球训练基地要扩建这两个本无关联的事件联系起来，使本无地理优势的项目，一时间变成了抢手货。正是这种营销思维，使事件营销的策划者将两件不相关的事物联系在一起，从而创造了营销佳绩。

营销思维要培养的是在营销人员的头脑中建立起一种营销意识也即工作状态。首先，要精通理论知识，运用这些知识去观察生活中的诸多事物；其次，培养起在生活中运用营销的能力，自然能培养出营销意识；最后，做生活中的细心人，注意观察周围的事物"消费者"行为，深度挖掘事件营销创新切入点。

（三）要有坚韧不拔的精神

面对复杂多变的营销环境，尤其是中国这样一个有着广博精深的文化环境。

事件营销创新的风险可以说是无处不在。所以，必须要有坚韧不拔的精神做支撑，确保创新的大厦不倒。企业必须要求营销人员有一种勇于创新、敢于开拓的坚韧不拔的精神并创造条件加以训练。而事实上这种坚韧不拔的精神也源自自身的性格和生活的磨炼，作为营销人应该具备这种意志。

（四）要有严格的制度保障

规章制度是使企业的各部门人员有章可循，形成一个组织严密的团队。要一种思想或文化在企业员工的思想中渗透，运用规章制度贯彻是非常必要的。那么要想将营销创新思想变为企业营销人员或其他员工的行动准则或深层次的文化核心，就必须有严格的制度来规范，保证其规范地运行，将营销的观念、精神和思维转化成员工进行营销活动的理念和方法，制度的保障作用是非常必要的。

当事件营销创新制度化后，使创新观念、思维和精神有了根本保障，从而充分地调动了营销人员创新的积极性和主动性，促使企业在复杂多变的环境中有的放矢地进行事件营销活动，适应变化。其实，这正如管理学中的X理论、Y理论及Z理论所讲的那样，对人这个复杂的有机体必须用严格的制度管理，其效果也是不容质疑的。但是，要将一种思想制度化，甚至将这种思想提到企业文化的平台上就很困难了。所以，使营销创新制度化，还要使用企业文化的魅力，才能使效果更好。

在事件营销创新的制度保障中，激励制度是最有效的，因此不能仅仅把事件营销的策划看作灵机一动的思想火花，而它实际上是一种系统的思维和运用。只有制定适当的激励制度，营销人员的积极性和主动性才能够被调动起来。而企业制定的激励制度，如果能够将事件营销创新成果与薪酬制度和晋升制度相联系，效果会更佳。

六、事件营销创新中应注意的问题

我们研究了事件营销创新的四大要求，但是在营销创新的过程中还有些问题值得注意。

（一）要注意在事件营销创新中必须创造价值

这是事件营销创新是否有价值的最重要的评估标准，当然，这里的价值不仅包括经济价值，还包括顾客价值。不创造经济价值对企业没有任何意义，而不创造顾客价值的事件营销创新，就无法获得经济价值。因此，创造顾客价值是事件营销创新的关键。顾客价值不仅表现在产品功能上，还表现在顾客为购买而付的精力、体力、时间及货币，这都属于顾客价值范畴，甚至包括情感。所以在事件营销创新中，必须创造顾客价值，否则，难以提高企业的核心竞争力。

（二）要注意事件营销创新的切实可行性

创新要在分析宏观，微观环境的基础上创造出来，而非凭主观想像创造出来，要切实可行、易操作，尤其是要注意文化的影响。事件营销创新是就某时某地情况而进行的营销要素和事件要素的最佳排列组合，要注意文化的可控和不可控性，还可能存在着入乡随俗和入乡不随俗的问题。最后，还要注意事件营销创新活动对社会是否有负面影响。

（三）要注意事件营销创新组合

企业营销创新往往是一个营销环节的成功，这是令人欣慰的，但要注意营销组合。一个方面或一个环节的创新要有其他营销组合要素的配合。由此可见，事件营销创新的实质是创新的组合，企业的创新工作应与营销组合相互配合。

（四）要注意运用合力

在事件营销创新时要求运用团队的力量。在事件营销创新方面，团队的力量就显得更为重要了，因为，团队的创新较个人创新要多些完整性和可行性，团队成员之间的交流也容易碰撞出创意和火花。而且在执行过程中，对于整体的沟通与理解要强于个体，效果也自然出人预料。

另外，这种合力还需要有知识的整合。事件营销本身就与许多学科休戚相关，如经济学、哲学、数学、行为学、心理学等。没有这些学科的基础，事件营销创新就不能够尽善尽美。因此，营销创新不仅要有人员组合，还要求有知识的整合。

第五节　做好传媒事件营销对策及需注意的问题

一、做好传媒事件营销的对策

传媒做好事件营销，应该从以下几个方面着手。

（一）选准项目，做"品牌加法"

一是事件的选题最好具备创意新颖、参与性强、社会关注度高、具有可连续开发性等特点；二是在选定主题以后，坚持做下去，形成品牌。将国内外媒体所举办的活动进行比较分析，我们就会发现，国外发达媒体所办的活动之所以能令全球心动，其辐射力和穿透力就在于他们每年都做同样的活动，只是在表现形式上寻求一些创新，在内容上精益求精。他们是在做品牌加法。为此，我们认为媒体在选择有些事件或策划活动时，一定要看是不是适合自己媒体的特色和定位。符合媒体自身品牌发展战略的活动项目，才能不断给自己的品牌加分，形成和强化自己的品牌特色。

（二）快速反应，速度取胜

重大新闻事件一旦发生，即刻成为政府、媒体、网络、公众关注的焦点。传媒要想借势营销，就应该迅速做出反应，策划符合自身特点的营销活动以提高传媒自身的影响力。在这一点上，企业界有不少成功的案例。如果传媒管理者能够将新闻敏感性运用到事件营销当中，适时策划相应的传播方案，肯定会得到丰厚的回报。

（三）精心策划，注重细节

细节决定成败。成功的事件营销一定是全方位策划，精确到每一个细节的杰作。策划活动不仅要考虑事件的各个要点、细节，更要考虑事件的环境因素、天气因素、地理因素等。

二、传媒事件营销应该注意的问题

在这个充满竞争的时代，媒体需要生存和发展，作为社会公器，传媒发展要在保证传播的社会效益的同时，不断创新节目形态和传播方式，依靠品牌营销提升传媒影响力。

（一）区别传媒营销与企业营销

媒介作为一种公共产品，与其他一般产品的销售有着本质的区别：一般产品的销售追求利润的最大化，而媒介产品的销售却不能遵循这一原则，它必须在"政府满意、受众满意、广告商满意"的营销目标指导下，在保障社会效益的前提下，用最少的成本获取最好的经济效益。

（二）融合节目创新与广告策划

当前，传媒面临着激烈的同质化竞争的市场格局，节目创新是必由之路。以电视媒体为例，末位淘汰制就是要督促节目不断创新，而其要点是节目创新必须与广告策划很好地融合，找到两者之间的关联点。这也是媒体和企业通过活动联姻的重要原因，更是事件营销成功的关键。

传媒因为地位的特殊，对"事件"的认识和把握具有一定的前瞻性。如果把这种前瞻性与市场有效地结合起来，就能使传媒事件营销有效展开，为媒体增加新的广告创收点。因此，发现事件、策划事件不仅能为媒体带来丰厚的经济回报，而且还能为媒体创造品牌效应。事件的缘起，一般具有阶段性，通过事件发展这根红线，把与之相关的广告时间和广告形式有机地组合，融为一体，使一些原本看似非黄金的时段在这个系统中成为系统的重要元素。这样一来，既促进了广告时间的整体销售，又保证了企业广告投放的品质。由于企业十分重视"事件营销"，作为媒体就需要为之搭建有效的投放平台，合理安排广告时段和广告形式，让企业的投放热情变为有实效的广告收益。基于这种理念，在策划"事件"时，节目部门和广告部门需要紧密配合。节目部门在规划节目和相关活动时要有市场眼光，使节目和活动具备广告潜力。广告部门要积极参与和配合节目部门，从企业和市场的角度制定符合市场规律的营销方案，通过销售体现出"事件"的内在价值。

（三）多媒体联合，形成竞争优势

随着互联网、手机等新媒体的不断涌现，媒体的种类、数量也在急剧增加。在媒体泛滥、公众注意力下降的时代，事件营销就是制造吸引眼球的运动。多种媒体的共生共存决定了事件营销必须结合平面媒体、网络媒体、电视媒体、广播媒体等进行交叉整合传播。广播媒体便于携带，网络媒体便于互动，平面媒体便于深度介入，电视媒体便于直观接收，手机媒体有利于全天候接收和灵活快捷地参与。因此，在事件内容自身具有创新性和新闻性的基础上，只有结合所有媒体的优势进行整合营销，才能将创新性转化为影响力，开发潜在受众，将潜在受众通过好奇、接触、接受、喜爱等过程培养成为你的忠实受众群。多种媒介形态、多"兵种"联合作战，优势互补，只有形成合力和竞争优势，才能最终形成传媒的影响力。

第六节　整合营销传播——传媒事件营销的策略

一、开展整合营销传播，树立媒体形象品牌，形成长效竞争力

在当前的媒体市场竞争态势下，只有对现行的工作流程或机制进行改革创新，引入整合营销传播理念，通过良好有效的沟通机制，调动媒体内外部一切有利因素，与相关内外部利益者建立关系，才能在目标受众和广告主的心目中树立媒体自身独特的品牌。

（一）整合传媒内部资源，树立全员营销观念

在传媒营销管理中，起主导作用的是经营管理者。媒体组织内的其他员工，

从最高经营者到中层管理者甚至每一个从业人员，都与媒体组织的整体利益有关。所以，作为媒体组织的一员，每个人都应该考虑媒介营销问题，都应该在自己的工作中体现为媒体营销所作的努力。当媒介营销的理念深入到媒介的每个从业者的日常工作中时，才能齐心协力共同开发出优秀的媒介产品或服务，媒介产品的策划与开发才会更有效率，才会得到媒介市场的认可，传媒才能得以发展。

（二）重视传媒品牌营销，谋求长远发展

在新的传播环境中，信息的传播速度以及信息更新速度和信息的共享速度大大提高。单一的媒体不再是信息源的强势控制者。因而面对新的信息传播环境，媒体就不能仅仅延用以"内容为王"的经营理念，同时需要关注受众的选择与需求，培育独特的媒体品牌以在纷繁的媒体环境中独树一帜。这就需要"内容为王"与"品牌营销"两者齐头并进。

媒体打造自己的品牌实际上是让自己在受众心目中树立良好的形象，提高自己的美誉度和知名度，以保持旺盛、长久的生命力。在资讯全球化、经济全球化的今天，品牌可以体现媒体的专业水准，可以赢得忠实的受众与广告客户，它是媒体打造自己核心竞争力的关键。

二、吸纳复合型营销人才，立足媒介长远发展

传媒竞争，实质就是人才竞争。观念出自人才，策划出自人才，市场的运营离不开人才，技术的运用和革新离不了人才。有学者从人的角度概括了中国传媒十几年来经过的"三部曲"：20世纪90年代的早期是出名记者的时期，90年代的中期是出名编辑的时期，90年代末期至今是出经营者的时期。这一说法形象地描述了不同时期中国传媒运作的侧重点——从内容采编到报道策划，再到经营管理的发展轨迹。

在市场细分的今天，迫切需要具有多种学科背景，具有开放性思维且分析、判断能力强的人才，需要具有人文、经济、法律、科技类等专业知识并经过新闻专业训练的人才，需要具有一定经营管理理念及技能，以媒体经营管理为职业的媒介经理人。这些人一般应具备三种能力：一是把握政策的能力，有敏锐的思维和制度意识；二是熟悉新闻业务，懂得编辑和采访等基本新闻业务知识；三是企业经营管理的能力，懂得管理学、经济学、市场营销学、财务会计学等基本经管知识。

　　中国传媒业只有在既懂媒体内容又懂经营管理的媒体职业经理人的管理下，充分利用资本市场的资源、不断创新经营模式、大规模涉足以信息数字技术为特征的新型传媒领域，打造核心竞争力，才能在竞争日趋激烈的传媒环境中有长远的发展。

第九章　企业新闻营销策划

第一节　对企业新闻策划概念的认识

一、企业新闻策划的概念

应当指出的是，这里的新闻策划是指企业的新闻策划，产品营销、企业形象品牌树立的新闻策划，它与一般意义上的新闻报道策划、媒体的新闻策划不是一个概念。

何谓企业新闻策划呢？企业新闻策划就是企业策划人员按照新闻规律，发现或创造对企业和产品有利的新闻，以吸引新闻界和公众的注意，扩大影响，提高知名度，实现企业改变消费习惯，创造消费需求，营造企业良好的外部发展环境等营销目标相对独立的营销沟通手段。

（1）企业新闻策划和广告、促销、公关、人员推销一样，是一种营销手段。

（2）它和其他营销手段一样，是相对独立的。

（3）它的目标是树立企业、产品形象，改变消费习惯，创造消费需求，营造企业良好的外部发展环境。

（4）它应当是不付费或较少付费，如果付费太多，那就是广告而不是新闻策划了。

（5）它的实现途径是通过新闻媒介。

（6）它应遵循新闻学和营销学的规律。

（7）它的策划和创作的方向与指南，则是企业的实际需要。要符合企业发展的战略、市场目标、市场战略和战术。

二、企业新闻策划的特征

企业新闻策划应当遵循一般的新闻报道原则和规律，但同时因为是企业组织下进行的新闻报道和营销策划，所以又有其鲜明的特性或特征。归纳起来，企业新闻策划有以下特征。

（一）新闻策划具有经济性

企业的定义是以点利为目的的经济组织。研究企业的新闻策划工作首先要明确企业是"以点利为目的的、集合人和物的要素、实现独立核算、从事生产和经营活动的经济组织。"这就决定了它的一切行动都是以点利为最终目的，这其中也包括企业新闻策划工作。企业新闻策划的目的还决定企业本身要实现的经济目标的现实性，即间接创造效益，或直接为企业的经济活动服务。

（二）新闻策划具有创新性

所谓新闻策划的创新性指的是企业策划人员运用创新思维，在制定新闻报道方案中所表现出来的富有独到创意的属性。它是新闻策划的第一属性。新闻策划的创新，更重要的是思维方式和方法的创新。新闻策划者的思维创新指的是策划者要善于运用一些特殊的思维方式，对占有的新闻资源实现创新管理。新闻策划人员在策划活动中必须运用逆向思维、发散思维、统摄思维、对比思维、超前思维等方式去拨开迷雾、洞察各种新闻内幕、发掘隐藏在新闻事实背后深层的东西，即要在别人看不出新闻的地方发掘出新闻来。一句话，新闻策划只有经过思维创新，才能显出其高明，才能标新立异、胜人一筹。

（三）新闻策划具有超前性

新闻策划的超前性指的是在新闻采编报道之前的科学决策性，其特点就是科学、具体地安排采编行动前的活动，做到策划方案和构思人无我有。要做到超前，就必须很好地运用新闻策划人员的科学预测能力和超前思维，对企业新闻事物的发生、发展和结局做出科学合理的推测。新闻策划必须具有超前性。

（四）新闻策划具有开放性

新闻策划的开放性是指企业策划者只有从开放的角度，兼顾各种变动因素，才能做到整合企业组织内外新闻资源的目的。新闻是对最近发生的正在变动的新闻事实的报道，所以新闻策划面临的变动因素有很多，甚至一个非常偶然的因素也可能改变新闻事实的发展趋向，所以，企业新闻策划者对策划客体的把握必须从整体角度去观察和考虑问题，必须从开放的角度去挖掘新闻事实。只要以开放的视角考虑到各种变动因素，就会很好地配置、组合好各种有用的新闻资源，就会创作出好的企业新闻报道来。

（五）新闻策划具有现实性

所谓策划的现实性，就是新闻策划方案必须符合客观实际，是企业策划人员能力完全可以达到的。它是新闻策划能够进行的基础条件。新闻策划的客观实际指的是新闻报道必须尊重客观新闻事实，必须符合现行普遍存在的社会心理，必须体现企业进行策划必备的实际能力和媒体对新闻素材的需要等内容。同时在新闻策划过程中，还要对策划所需要的内部、外部诸多条件进行科学的调研、预测、分析和判断，力求使自己判定的目标和方案既超前、先进，又具体、现实，切实可行。要针对新闻事物的客观情况，将长期目标、中长期目标和近期目标的实施步骤与措施很好地结合起来。

当然，新闻策划还有群体性、选择性等特征。但从本质上讲，企业新闻策划中的群体参与、群体认可，实施策划方案前的论证、评估、筛选，实施过程中新闻资源的配合、支持、协调等都是一个企业管理问题，只要正确地运用新闻策划的创新性、超前性、文化性、社会性、原创性，它的其他特征就自然融入到策划整体之中。

第二节　企业新闻策划的理性分析

一、企业新闻策划是对新闻事件的策划

企业新闻事件究竟能否策划呢？所有的学者都坚持事实不能策划，但在"新闻事实"是否可以策划以及"新闻事件"是否可以策划上却产生了分歧。可见，新闻事实不等同于一般意义的客观事实。新闻事实不等同于新闻事件，"新闻事件是具有重大价值和重要社会影响的事件"，这类事件本身所包含的事实也仍然是客观的，而它之所以会产生重大影响，很大程度上是企业策划者利用不同的手段（比如新闻策划）开展新闻传播的结果，是策划者能动地反映事实的行为。一种事实它所具有的价值是客观的，不同的报道者对同一对象的报道效果之所以不同，是因为对于事实的挖掘角度和深度不同，也就是说新闻策划人员或记者的报道只是一种挖掘工作，而这种挖掘并未改变事实本身。经过策划后的企业新闻报道并未改变其物质内壳，并未违背物质第一性，因此新闻事件是可以策划的。

二、企业新闻策划是策划者发挥主观能动性的过程

主观与客观是一对哲学范畴。主观指人的意识、精神；客观指人的意识以外的物质世界，或指认识的一切对象。马克思主义的认识论认为，人通过社会实践能够正确地反映客观世界。这种反映是能动的，对外部世界的各种信息具有价值反思、判断和选择的能力。企业新闻作为信息的一种，是客观存在。新闻报道却是一种社会意识，是人脑作用于客观事物的反映。在现实生活中，人们认识客观

事物的能力由于受社会地位、认知水平等多方因素的制约，对于眼前发生的事实，难以做出及时而又准确的把握。于是，就要求我们进行科学的策划，并采用相应的方式将事实真实地反映出来。

企业每天都在发生新事物，新闻不可能做到有闻必录，这就出现了客观事物变动的无限性与新闻报道有限性的矛盾。要解决这一矛盾，就存在着对事实的选择。新闻策划主体在对事实进行选择时，实际上策划就开始了。选择的过程离不开价值判断等主观因素的介入，它是发现、认识、评价、反映等一系列思维活动的结果。在这个过程中，策划者原有的认识能力、知识沉淀乃至所处社会地位、思维方法等一系列主观因素，都会起一定的作用。企业新闻事实，恰恰就是通过新闻策划者的创造性劳动更好地显示出来。策划的目的就是企业的某些有价值的事实显露出来，从而引起受众注意，突出其重要性。因此，企业策划者可以从许多事件中选取一些事件来报道，它们同样可以在报道一个事件时从许多特质中选取某些特质，而忽视其他，这种选择一方面会使受众也相应地更加关注这些被选择的特质，同时，它还会影响受众对该事件的看法。企业报道的事实，既是客观的，又是策划者主观能动选择的。

实际上，新闻策划是主体的一种创造性的思维劳动。企业新闻策划从本质上是一种运用脑力劳动的理性行为，是对未来报道活动的规划和设计。这种规划和设计不是凭空产生的，而是组合、分析信息和选择、决策的结果。因此，企业新闻策划有其存在的依据，它是客观存在作用于主观意识，主观意识对客观事实又产生能动反作用的产物。

三、企业新闻策划必须以事实为依据

要进行企业新闻策划，就必须以事实为依据。而企业的生产经营状况总是处于不断发展变化之中，新闻策划主体在现今的营销实践中，策划意识需要不断地提高，策划本身也要由以出点子为主的经验策划上升为全盘统筹的科学策划。随着社会的发展，受众的需求无论从深度还是广度上日益提高。在新闻策划的过程中，受众对新闻的关切度是最重要的条件。因此，为了最大限度地满足受众的消费需求，吸引更多的受众，进而产生更加显著的效益，企业在新闻策划过程中总是紧密结合受众的工作和生活，选择受众十分关注的、可操作性强的新闻热点，认真搞好新闻策划并努力实施。对于复杂纷繁的社会现象，新闻策划用联系、发展的观点通过大量的背景材料及新闻传播手段的运用，满足受众对信息日益提高的需求。

以事实为基础要求新闻策划者透过企业的经济活动现象来把握本质、把握大局和方针政策，在尊重新闻传播规律的同时，对企业具有新闻性的素材进行精心策划，从而达到预期的传播效果。

四、企业新闻策划必须遵循科学的思维方法

企业新闻策划作为一种管理创新，与思维方式和方法有着直接的因果关系，有什么样的思维方法，就有什么样的策划方法。把握以下几种思维关系，对提高企业新闻策划水平大有裨益。

（一）宏观思维与微观思维

宏观思维是把事物放在广阔的范围内观察分析，从整体、大局上认识事物。它要求企业策划者要站在社会经济发展的角度来看待企业出现的新情况、新问题，要考虑企业是否对整个社会经济做出贡献。微观思维侧重于对事物局部、重点作深刻分析，从事物的个性上了解事物特点。它要求企业要善于从小的事件发现新闻价值，做到以小见大。只有把两者结合起来，看问题，分析问题就有广度和深度。

（二）顺向思维与逆向思维

顺向思维是按照事物的发展脉络去认识事物的方式，理清事物在时间上的联系，比较事物前后阶段的变化都离不开它。逆向思维反其道而行之，它具有创新、别出心裁的思维特点。逆向思维离不开顺向思维。但是，这种切入角度的发现，有赖于企业新闻事实的产生、发展以及与其他方面联系的脉络。企业既要能够在日常生产经营活动中发现新闻，更要能够从一些不寻常事件中捕捉新闻价值。

（三）求同思维与求异思维

要抓住事物的特点，求异思维具有优势，但它只能找出事物的个性。要发现事物的共性，就必须用求同思维。企业策划者要积极挖掘本企业与其他企业之间的共性与个性，从而找到有价值的新闻线索并加以报道。

（四）平面思维与立体思维

平面思维的范围限于一个层次，在事物的横向比较、一个方面的比较中广泛使用①。它对于认识一个层次内事物的异同有着特殊作用。立体思维是平面思维的有机组合，是多层次多侧面的思维方式。策划中运用立体思维方式，能够从不

---

① 崔淼. 现代平面设计与创意思维研究 [M]. 哈尔滨：黑龙江教育出版社，2019.

同的方面认识企业发生的新闻事件，抓住其本质和有新闻价值的东西。

（五）动态思维与关联思维

动态思维是根据事物的发展变化不断调整认识角度和取向的思维形式，侧重于从运动中研究事物的性质。关联是指从事物的内部联系、外部联系、同一事物不同方面的联系、不同事物彼此间的联系中了解事物的认识方法。动态思维与关联思维的关系如同发展与联系的关系，具有辩证统一性。企业策划者把这种思维关系用于策划，有利于把握企业发生事实的变化特点和发展趋势。

企业新闻策划作为新闻传播和营销过程中的一种社会现象，其蕴含的辩证原理，并不限于本文分析的几个方面。马克思主义哲学是关于自然、社会和思维发展普遍规律的科学，它以具体科学为基础，又给具体科学以指导。作为一切学科的世界观和方法论，它同样指导着企业新闻策划的实践。

第三节　企业新闻策划的方法探讨

一、新闻策划的实施步骤

企业新闻策划是一项涉及面广泛的系统性工程，它需要策划人员收集企业内外部信息，制定营销目标和方案，处理好企业与媒体关系。因此，要使企业新闻策划工作有条不紊地开展，应包括以下四个相互衔接的步骤。

（一）调查研究

这是做好新闻策划的基础。要把企业领导层的意图告知公众也要把公众的意见及要求反映到领导层。因此，策划部门必须收集整理提供信息交流所必需的各种材料。

（二）确定目标

企业新闻策划的直接目标是：促成企业与公众的相互理解，影响和改变公众的态度和行为，建立良好的企业形象。新闻策划工作是围绕传播信息、转变态度、唤起需求而展开的，因而具体的新闻策划目标又分为品牌目标、销售目标和竞争目标。企业不同时期的新闻策划目标应综合公众对企业理解、依赖的实际状况，分别确定。新闻策划要在各个时期以传递公众急切了解的情况，改变公众的态度，或是以唤起需求，引起购买行为为重点。

（三）选择传播信息和媒介

新闻策划工作既然是以有说服力的传播去影响公众，因而新闻策划工作也是选择和传播信息的过程。企业策划者必须学会运用既有可行性又能影响目标受众的大众传媒及其他交流信息的方式，传播对企业有利的新闻，达到良好的宣传效果。在媒体的选择上要兼顾地方性与全国性、专业性与综合性等媒体，使信息传播更有效。

（四）评估结果

应对新闻策划活动是否实现了既定目标及时评价。新闻策划工作的成效可从定性和定量两方面评价。信息传播可以强化或转变受传者固有的观念与态度，但人们对信息的接受、理解和记忆都具有选择性。传播成效的取得是一个潜移默化的过程，评价结果的目的在于为今后新闻策划工作提供资料和经验，也可向企业领导层提供咨询。

二、企业新闻策划的操作策略

企业新闻策划是一项实践性和操作性很强的工作，因而也要对它的具体操作策略和技巧进行探讨。具体来讲，开展企业新闻策划工作有以下一些策略。

（一）建立一支过硬的企业新闻策划队伍

企业新闻策划人员是企业新闻策划工作的具体执行者，策划者的素质和新闻业务能力直接影响企业新闻策划工作的质量和影响力。所以，企业要加强新闻策划工作就必须加强策划队伍的建设和管理，并将其作为企业管理中一项长期的基础工作。企业应该组织策划人员进行专门的培训，培训内容包含新闻写作知识、新闻职业道德、企业营销管理知识等。新闻策划理论是一个系统的科学，也是营销理论的子系统。因此，一个只懂新闻，或者只懂营销的人不会是优秀的新闻策划者。它需要从业者懂新闻，更需要站在企业整合营销与品牌的高度来认识新闻策划，才会对企业营销做出贡献。

过硬的企业新闻策划队伍还需要在组织结构上予以保障。在目前企业组织架构中，很少有专门的新闻策划机构。从事新闻策划的机构有的是独立的部门（如新闻中心、宣传部、企业文化部），有的则是一个科室。因此，企业必须高度重视新闻策划的机构设置，保证新闻策划的人员和资金投入，建立制度化、规范化、约束和激励相结合的新闻策划工作机制。

（二）以诚信赢得媒介和受众的信赖

企业新闻策划应该立足客观，反映经济活动全过程中的新事物、新趋势、新问题，按照新闻的真实性原则来写作，以事实说话。企业在品牌推广的过程中应努力沿着市场信誉方向发展，不能只片面地强调市场知名度。如果，信誉度发展成为负值时，品牌的知名度越大，企业受到的负面影响就越重。

企业新闻策划一定要自我约束，避免"炒作"，发扬实事求是的精神。新闻策划要适度，对社会生活热点既要善于触及，敢于研究捕捉，又要冷静思考、善于疏导。

（三）建立企业新闻资源库

新闻策划操作的初级阶段，就像手工作坊，来一个订单，做一件产品，但是经过一段时间之后，企业接触的媒体多了，积累的报道也不少了，这时就应该走向规模化、"产业化"的道路。建立企业新闻宣传资源库是一个行之有效的办法。

（四）长期不懈的坚持创新

即使是优秀的、一流的企业，也需要新闻策划。如果公众长期没有听到某个企业的声音，就有可能产生种种猜疑。企业按常规运作也不可能经常出现媒体渴望关注的新闻，这就需要策划人员不但要重视"创新"，还要把这种创新形成一种规范的制度，以长久地保持公众对企业的关注，增强公众对企业的好感。

第四节　新闻策划效果的评估

新闻策划活动过程是一个不断反馈、循环往复的动态过程。企业尚未从事新闻策划活动之前，先要对市场现状调查研究，然后对调查材料进行解释、分析和筛选，经过科学的判断推理，做出正确的决策，确定策划目标市场，决定策划目标。在此基础上制定全面详细的策划计划，按照计划描述的轨道实施新闻策划。在新闻报道推出之前，要开展各种调查测验，预测新闻策划行将产生的效果，修整完善其不合新闻规律的部分，新闻报道之后还要开展各种调查活动，评估新闻策划活动效果。

对新闻策划活动做出正确评价，这是使企业和社会重视新闻策划的方式。评估新闻报道效果，是完整的新闻策划活动过程中不可缺少的重要内容，是检验新闻策划活动成败的重要手段。同时，它还标志着企业上一阶段新闻策划活动的结束和下一阶段策划活动的开始。通过对新闻策划效果的分析评估，在肯定成绩的同时，找出实施效果与企业目标和新闻策划传播目标的差距，评估和控制新闻策划工作量与预算，适当地调整新闻目标、计划和传播实施方案，保持新闻策划实务活动的协调性与连续性。

一、新闻策划效果评估的含义

那么，什么是新闻策划效果呢？新闻策划效果是新闻策划作品通过媒体传播之后所产生的影响。这种影响可以分为对消费者的影响——新闻策划本身的效果；对企业经营的影响——新闻策划的销售效果；对社会的影响——新闻策划的社会效果。

就新闻策划对消费者的影响而言，新闻策划作为企业重要的促销手段，其根本目的是促使消费者购买其商品。新闻策划对消费者的影响重在改变其态度，即通过新闻作品的宣传说服，改变消费者的心理活动状态，促成消费者的购买行为。因此，新闻策划对消费者的影响表现新闻策划本身的效果——认知效果与心理效果，新闻策划本身的效果又可以细分为接触效果、往日效果、知名效果、理解效果、印象效果、关心效果、追忆效果，最后导致行动效果即购买效果。

新闻策划除了对消费者和企业经营发生影响而直接产生的认知效果、心理效果和销售效果之外，从宏观角度看，对于整个社会有着间接的不可低估的潜移默化的影响。具有真实性、思想性、艺术性的新闻作品，有助于提高人们的美育水平，起到陶冶情操、增加知识、提高文化水准、增加艺术修养的作用。

二、企业新闻策划效果的特性

新闻策划活动所涉及的关系是异常复杂的，新闻作品成功与否的影响因素千变万化，新闻策划效果具有与其他活动效果所不同的特性，这些特性主要表现在三个方面。

（一）时间推移性

实际上，一般人如果正在使用某品牌商品，会在将旧的用完后才买新的，而当消费者用完旧商品，欲购买新商品时，可能早已将新闻中所提到的商品忘于脑后了，这就是新闻策划效果的时间推移性。

（二）累积奏效性

有些新闻策划能实时奏效，其效果也是累积的。消费者在尚未发生购买行动之前，是策划效果的累积时期。在购买行为发生之前的这段期间，必须进行连续多次的冲击，强化新闻策划影响，才能使量的积累转化为质的飞跃，因此实施企业新闻策划战略应该着眼企业的发展和企业的未来，以实事求是的态度对待新闻策划活动，争取新闻策划的长期效果。

（三）间接效果性

新闻策划不仅具有时间推移性和累积效果性，还具有间接效果性。所谓间接效果性，是指有的消费者直接接受新闻策划宣传报道的影响而产生对企业产品的购买行为，而另外一些消费者之所以会去购买企业产品，则是因为受到其他受新闻策划影响的人的极力推荐。因此，这种新闻策划效果是间接产生的。

三、新闻策划效果评估的意义

新闻策划效果评估在整个策划活动当中具有重要意义。

首先，新闻策划效果评估是促使企业对其重视的依据。企业新闻策划之所以没有像广告等营销手段那样受到重视，就在于新闻策划的效果相较于广告等效果不是太明显和较难评估。但新闻策划也是可以评估的，如果我们建立一套科学的评估体系，使企业管理层明白策划人员做了些什么，取得了哪些成绩，这无疑会令策划人员的地位大大提高，也会使新闻策划工作得到应有的重视。因此，企业新闻策划工作人员不仅要是策划专家，还要是评估专家，能够对新闻策划效果进行科学的评估。

其次，新闻策划效果评估是对策划活动经验的总结。而大量经济活动都是人们在一定时期内有预见、有目的的活动，是要努力争取某种结果的。所以当这一活动过程一结束，必然要比较计划与实绩，衡量投入与产出，总结成败与得失。企业新闻策划活动同样如此，在策划活动到达某一阶段，必须进行效果评估，与计划方案设计的策划目标对照比较，衡量其实现程度，从中总结经验，汲取教训。

最后，新闻策划效果测定是策划活动的指南。某一时期新闻策划活动结束之后，必须正确评价新闻策划效果，检查新闻策划目标与企业目标、市场目标、营销目标相互的吻合程度，总结营销组合、促销组合配合是否默契。

四、企业新闻策划效果评估的原则

针对上述企业新闻策划活动的特点，在评估新闻策划时应当坚持以下原则。

（一）有效性原则

指测定工作必须要达到测定新闻策划效果的目的，要以具体的结果来证明新闻策划的有效性。它要求在测定新闻策划效果时必须选定真实有效、确有代表性的答案来作为衡量的标准。这就要求采用多种测定方法，多方面综合考察，广泛收集意见，得出客观的结论。

（二）可靠性原则

指前后评估的新闻策划效果应该有连贯性，以证明其可靠。若多次评估的新闻策划效果的结果相同，其可靠程度就高。这就要求新闻策划效果评估对象的条件和评估的方法必须前后一致，才能得到准确的答案。

（三）相关性原则

指新闻策划效果评估的内容必须与所追求的目的相关，不可做空泛或无关的测定工作。倘若新闻策划的目的在于推出新产品或改进型产品，那么策划评估的内容应针对消费者对品牌的印象；若策划的目的在于在已有的市场上扩大销售，则应将策划效果评估的重点放在改变消费者的态度上；若新闻策划的目的在于和同类产品竞争，抵消竞争压力，则策划效果评估的内容应着重于产品的号召力和消费者对产品的信任感。

第十章　营销实践
——以企业微信网络营销为例

第一节　微信营销环境分析

一、关于微信

微信是一款与智能手机结合的免费应用程序，可以提供即时通讯服务，通过微信可以发送文字和图片、可以进行多人语音对讲，是一款方便快捷的手机通讯类软件。微信以手机通讯录联系人和 QQ 好友为基础，建立起与联系人的连接，并在此基础上通过信息推送技术实现免费短信聊天、视频音频聊天和个人状态同步等功能的一款 IM 社交软件。微信将人际交往转换到移动互联网的平台上，使移动终端成为了新的社交平台。通俗来说，微信是一款社交工具，把现实版的交往放到了网络世界，放到移动终端，微信为用户提供网络版的社交工具。微信是一个社交平台，用户之间有着较强的关系，微信可以帮助用户降低相互间的社交成本。举例来说，如果把维护社交关系作为靶心，微信可以轻易打中靶心，原因就在于微信是一款真正意义上的社交工具。

微信营销是信息经济时代，以微信用户为依托，以微信用户数据为背景的新型企业营销模式，是一种基于微信用户群落和微信平台的网络营销方式。零距离模式的微信营销，摆脱了传统营销有关距离的限制和要求，用户注册登记后，可以与其他用户形成接触，用户可以根据需要获取信息，商家分析用户信息和需求后进行精确定位，挖掘用户的潜在需求，从而推广自己的产品和品牌，形成互动，实现精准营销。微信营销主要体现在区域精准营销，例如通过移动客户端在目标区域内开展营销，商家通过微信公众平台，与微信用户进行互动（微推送、微活动、微支付等），开展营销。微信营销是以 LBS 为基础的营销，通过对用户的 GPS 定位来判断用户的状态和需求情况。例如商家可以利用微信获悉某个时间点有哪些用户在自己的店铺附近，然后根据数据库、时间、地点来分析用户状态，从而得出用户到自己店铺购物的可能性，然后可以根据用户的喜好和类别向用户推送用户附近商铺的优惠券。微信 CRM 系统的对接功能使精准移动营销成为可能，通过数据挖掘、深度开发客户提高了营销的成功率。

二、企业微信营销的发展环境

移动互联网的发展和智能手机的普及，为微信发展提供了有利的运营环境，微信也以迅猛之势融入了人们的生活。据统计，以 QQ 用户为用户主要来源的微信，目前用户数已经突破 5 亿。以微信为营销平台，商家可以探索用户的潜在需求并提供以酒店票务、美食餐饮、客服等内容为代表，针对性的精准服务，此举可以切入用户心理，融入用户生活习惯，同时企业商机随之扑面而来。新鲜的营销模式容易增加关注度，吸引人们眼球。外部机遇和企业发展战略的结合，给了企业成功开展微信营销的契机。

从微信营销的社会发展环境来看，手机互联网和智能手机产业的不断延伸和发展，信息化程度不断的提升，人们可以用来沟通交流的渠道越来越广泛，微信营销应当顺应人们的情感诉求，结合信息时代发展背景，创新营销模式，推出新颖的营销工具。

从微信营销的技术发展环境来看，追求高品质生活的用户获取信息的渠道日益增多，对于产品档次的要求不断提高，微信需要不断完善自身的功能，匹配用户的潜在需求，确保用户微信使用满意度，拓展微信的影响力。如此，微信营销成功的基础才存在，微信营销也就有价值。

微信营销同时也面临着外部挑战和风险，企业开展微信营销时要予以充分考虑。网络营销涵盖面较广，例如微博营销、淘宝网、团购网等都属于网络营销的范畴，微信营销只是其中一种。其他以营销为目的的社交平台，因其具备时代特色，能满足用户个性化需求，因此近年发展状况和前景都较好。企业开展微信营销要做好战略规划，以便形成核心优势，超越其他竞争对手。此外，鉴于微信发展较快，大多数商家目前以宣传推广、促销、广告等方式作为微信营销的主要手段。企业应根据微信的功能和特点，正确认知微信营销，利用微信简单、快捷、亲和力强的优势，努力开发出一套适合自身企业和产品的成熟并完整的商业模式。微信应当有自身的营销体系，它不仅仅是一个推广工具，更是一个可以实现新营销体系的系统，企业应该努力挖掘微信的潜力，认知微信的价值，使微信真正成为企业开拓市场的利器。

三、移动互联网时代的新营销环境

进入移动互联网时代，人们开始调整自己的生活方式，消费行为也随之改变，商家自然也要随之调整营销模式来适应人们消费习惯的变化。传统营销模式的消费环境更多取决于消费者的个体消费习惯和个体购买决策。而移动互联网时代，以消费者需求为研究内容，以引导消费为目标，其营销模式（AISAS 模式）和消费模式有了较大的转变，将主动性和决策权完全放在消费者手中，消费者可以通过主动搜索对商家和产品进行精准定位，通过分享购买体验对其他朋友（潜在客户）传播影响。因此，移动互联网时代营销是一种网络行为，营销过程多向，用户都能参与并彼此间互动、沟通和影响，形成多对多的购买行为和过程。AISAS 营销模式以扩散性、交互性、精准性为营销主要内容，营销特点为客户细分度高、营销渠道短、互动性强。

以电视、报纸为代表的传统媒体曾是大众媒体的主角，以企业资金注入主要方向和消费者花费时间多为主要特点。互联网的发展和普及，将消费者的关注度实现了在"电视屏幕——电脑屏幕——智能手机屏幕"之间的转换。目前移动互联网已经成为重要的社交媒体，一个全新的互联网时代也已到来，市场环境在变化，营销环境也随之变化。消费者因为便捷的联系工具，使人与人之间的交往更加密切，获取信息的速度快，消费者对于感兴趣的企业或者产品认知程度较高，正因为如此，与企业品牌或者产品有关的正面或者负面的消息可能一夜之间传遍大江南北。信息时代，消费者可以通过信息平台获知信息，市场和营销环境都更加透明，诚信应为企业立足之本，企业应当具备正能量的价值观和社会责任感来应对这个经营透明化、全新价值观的时代。营销环境的变化使得企业营销要面临新的挑战，企业应针对消费者的消费需求和消费心理做出营销策略的调整，要用专业的心态来欢迎消费者对自身进行质证，要用高层次的服务来应对消费者的服务需求以便消费者对于企业的品牌、产品、服务等环节给予正面的评价，形成有益于企业形象的社会评价体系。

第二节 微信营销的模式选择与构建

微信营销模式是一种许可式营销，用户拥有主动选择和放弃的权利，营销内容需要重点构划和谋略。微信营销是一个重视积累、厚积薄发的过程，强调的是口碑和二度传播的效果，微信公众号的性质和定位不同，也会影响到粉丝的数量和质量。微博采用广布式营销模式，而微信采用投递式营销模式。微信以忠诚粉丝团队为营销主体，在进行用户初步分析定位后，筛选出部分用户进行精准定位并进行二维码推广，最终获取有效的市场信息，商家针对反馈信息分析后，构建微信营销的模式。

一、微信营销的模式选择

确定企业的营销目标之后，接下来要做的事情就是在对目前的营销环境做足分析的基础上，选择适合自己企业的微信营销模式，让微信营销成为企业市场竞争中的一把利器。在 Web 2.0 之后，随着技术和应用的发展，移动互联网时代应运而生，而随之而来的商业模式、创新沟通方式还未实质爆发。然而信息经济时代，大规模的信息量、市场透明且扁平、资源共享、竞争相对公平、同质化严重成为商家必须面对的竞争环境。在这个环境下，传统营销模式与市场的契合性不断减弱，营销效果不断走弱。另一方面，移动互联网环境和用户规模已经步入成熟阶段，移动应用将迎来新一轮爆发。微信的出现，开创了移动互联网市场新局面，微信的时代影响力不可置疑。企业要在新市场环境中立于不败之地，需要对微信营销和自身的产品正确认知和定位，对企业进行统筹规划，从而选择适合的微信营销模式。在信息经济时代，用户和数据是商业资本，具备创新性和数据性的营销模式将成为这个时代的领袖，企业应看到发展的趋势，做好筹划，获取市场先机。

（一）企业微信营销的常用模式

微信作为社交平台，目前在互联网市场关注度最高，具有较高的市场价值和营销潜力，众多企业纷纷尝试进行微信营销，不具备规划性和战略性，目前市场上采用的营销模式有如下五种。

1. 草根广告式微信营销模式

微信商家可以利用签名栏功能，随时更新自身的状态签名。微信利用"查看附近的人"这一功能，对周边微信用户进行推广和营销植入。微信利用"发现"这一功能中的"查看附近的人"插件，可以查找到用户位置附近的其他用户。签名档是许多商家的免费广告位，他们可以利用这里进行品牌宣传，微信用户群体规模不断扩大，签名栏势必可以成为商家的黄金广告位。

2. 品牌活动式微信营销模式

微信商家利用漂流瓶，与用户开展互动交流，微信漂流瓶移自腾讯 QQ，是一种与陌生人展开沟通的有效方式。漂流瓶的"扔一个"和"捡一个"功能，使得用户可以通过语音、文字与其他用户展开互动交流。目前运用漂流瓶开展营销比较成功的案例是招商银行的爱心漂流瓶活动，用户通过"漂流瓶"或者"摇一摇"功能，参与或者关注"招商银行点亮蓝灯"活动，招商银行便会为自闭症儿童捐送积分。这种通过简单互动就可以献爱心做善事的活动，吸引用户参加活动并乐于其中。品牌活动式的营销模式需要注意鲜活性和兴奋性，避免用户操作疲劳。招商银行的爱心漂流瓶具有针对性和新鲜度，用户每一次捡到的漂流瓶都意味着不同的信息，这样有助于提高用户参与的热情，有助于用户进行互动的积极性。

3. 社交分享式微信营销

微信作为开放式平台，为应用开发人员将微信接口与第三方应用对接提供了可能，微信附件栏中也可以置入应用的 LOGO，微信用户可以在沟通过程中随时利用第三方应用，进行内容的选择与分享。"美丽说"以女性用户为定位，以微信开放平台为基础，以用户将自己在"美丽说"中的内容在微信朋友圈中进行分享的方式开展微信营销。"美丽说"上面的商品通过微信用户分享的方式得以推广和传播，良好的口碑营销由此产生。

4. 互动营销式微信营销

互动性和精准推送信息是微信营销的特色，商家可以通过公众平台向粉丝推送商家资讯、产品更新信息、折扣活动等商家品牌和产品有关的信息，咨询、客服等功能由此展开。微信在对用户进行信息推送与粉丝 CRM 管理方面要优于微博等新式媒体。微信是移动互联网时代开展营销的重要工具，广泛性、快捷性、个性化、精准化的营销模式，将微信营销渠道的重要性推上商家的战略范畴之内。

（二）微信用户的关注领域

微信营销建造了一个领袖营销的时代，微信营销运营的好坏也成为企业在这个时代能否快速发展的关键。我们了解了营销的新环境和营销的模式之后，需要对微信用户行为和习惯做分析，抓住微信用户的实际需求，充分利用好公众平台。公众帐号类型繁多，有休闲生活类、明星类、企业商家类、新闻媒体类等，用户添加关注后，就可以收到关注账号推送的信息，从下面图表中我们可以获取用户更关注的帐号类型。名人明星类用户关注度最高（42.29％的人关注此类公众帐号），用户期望通过关注及时获取明星信息和有更多机会接触明星。

二、企业微信营销模式构建

微信以低成本、高精准的营销特点，吸引众多企业纷纷搭建微信平台，开展微信营销。开展营销的模式具有一定的盲目性。构建微信营销模式需要结合企业战略规划、营销目标、微信市场价值来一并考虑，微信营销的核心是以庞大的微信用户群落为基础开展营销工作的。基于此，我们需要搜集微信用户的行为习惯和需求的相关数据，以大规模数据为依据，与腾讯微信的幕后团队结合，获取数据与专职数据分析公司形成合作和联盟，获取数据分析和研究的结果。根据数据分析的结果，综合考虑企业的实际营销目标和微信营销的特点，构建适合的微信营销模式。

经过对营销战略目标的拆解和细化，构建微信营销模式如下：为避免微信营销平台因过分关注营销引起腾讯及后续其他监管机构封杀的可能性，同时为便于快捷有效积累忠诚用户，推行以"寓营销于服务"为基本理念，以微信平台作为企业品牌和相关产品拓展的基地，以扩大受众群体的数量和质量，培养粉丝忠诚度和黏度作为平台发展的目标。构建微信平台的组织管理体系、产品体系、渠道体系、运营体系、品牌与宣传体系、营销策划体系。各体系互为支持和补充，形成对微信平台的有效支撑。其中，组织管理体系以成立专项微信事业部为契机，结合受众群体的喜好特点配以专业团队，例如影视语音制作播报团队（以天气预报、笑话、故事、音乐等作为真人播报团队的播报内容）、数据收集与分析团队（强化数据的收集与分析，为引导客户需求、满足用户诉求、拓展营销深度提供支持）、设计技术团队、推广销售团队、专业策划编辑团队等。这些团队是微信事业部的引擎，是为整个部门发展提供动力的核心。产品体系以内容和创新作为其核心板块，注重内容生产，以内容传播转向带动用户服务，例如通过深度挖掘新闻，尝试体现式新闻模式，适当进行新闻延伸（通过关键字回复延伸新闻信息和相关内容），与用户形成互动，让用户看新闻的同时可以收听新闻、参与新闻。创新是吸引新用户、转化老用户的有效工具，平台以内容为基础，结合时代发展不断创新，变着法地吸引用户注意力和关注度。新颖趣味的平台为微信营销注入强效动力，例如以地方版游戏、微视、微电台、影像等动态十足、趣味性强的板块作为平台内容。运营体系中以网络整合营销为主体，辅以事件营销、品牌营销、口碑营销、新型媒体营销等营销方式，不断增强微信平台的影响力和渗透性。品牌与宣传体系以全媒推广为主要手段，与其他媒体平台打开联络通道，推出不同平台互动推荐机制，实现数据同步与共享，整合相关产品（例如电台、视频等本土化产品）。实际品牌推广宣传过程中，要以挖掘用户需求为导向，以满足用户诉求为方向，注入品牌理念，强化互动，坚持创新，打造特色微信平台。渠道体系中，以微信平台自身资源为基础，整合相关外部资源，共同打造微信矩阵，可以与微信商家联盟、微信公众大号、微信传媒大号进行合作，共同拓展微信平台的运营渠道。还可以与微博平台、手机平台等进行跨平台合作，以新媒体平台联盟的方式形成产业联盟，实现资源互补与共享。营销策划体系中，以专业策划编辑团队为主体，以数据分析团队提供的数据分析为依据，在确立微信营销目标的前提下，制定相应的微信营销策划方案。微信营销模式中，以营销策划体系、运营体系、组织管理体系、品牌宣传体系为主导，以营销策划体系、产品体系为补充；以数据、创新、推广、运营、团队为营销核心要素。实际运作过程中，避免营销方式陈旧、粗放，贯彻"寓营销于服务"的理念，有效结合微信平台，做好企业品牌和产品的营销工作。

第三节 微信营销的策略体系构建

一、从战略营销角度分析企业微信营销

战略营销以市场定位、市场细分和目标市场选择为核心内容。企业微信营销应该采用什么样的战略决策和服务行为来达成企业的营销目标是企业开展营销的考虑重点。

对于企业而言，首先要分析自身所在的行业和品牌是否适合微信营销。就现状而言，除去少数特定行业及特定产品不适用微信营销外（例如某些关系导向的行业、建筑工程业务、OEM 订单、微博代运营业务、电子商务代运营业务等都不适合微信营销），其他与生活息息相关的商家（例如衣食住行、大众消费）都可以采用，但具体开展营销的方式，需要分析用户特征和品牌特性后，制定精准化解决方案。通过对用户使用微信功能的喜好程度，使用微信的频率、时长等数据的分析和挖掘，可以针对性制定与用户喜好程度相匹配的微信营销策略，进行市场定位和服务跟踪。

其次，企业应当制定微信公众平台的发展规划，微信平台初期，在用户过亿的基础条件下，企业应当以挖掘用户价值、增加优质内容、创造更好粘性、形成特色生态为发展方向；微信平台中期，企业应该重视对平台内容的培育和品牌的传播，微信公众平台应当注重内容质量，打造品牌平台，实现平台的品牌化路线；微信平台后期，以微信公众平台为依托，在这个平台，任何人可以发布信息，组建自己的群落，企业可以利用这个平台增加品牌知名度。

二、微信营销与网络营销组合

目前是一个网络推广的时代，百度等搜索引擎推广、微博、微信等新媒体营销构成网络营销的主题，其中微博、微信营销是企业网络营销的重要组成部分，微信营销也已成为众多商家进行线上线下推广的重要工具。利用好微信营销，有助于企业提高品牌知名度，拓展品牌影响力。

（一）事件营销

是指企业对具有社会影响、媒体价值和明星效应的人物或者事件进行策划、组织，吸引各种媒体与社会团体和广大人群的注意力，引发兴趣和关注度，最终

达到扩大企业知名度、提升品牌形象、形成产品销售、达到营销目标的过程。事件营销具有波及面大、爆发效果好、信息传播效果好、宣传成本低廉等特点，集新闻广告效应、公共关系、形象宣传、客户关系于一体，是一种有益于新产品推介和品牌扩展的营销手段，是一种较为流行的公关传播、市场推广手段。移动互联网的出现，为事件营销带来新的机会，在微信、微博、视频、论坛等平台的辅助下，事件营销的效果立竿见影。

事件营销成功的关键是创意。在策划事件时，如果找不到好的创意点，可以考虑以良好形象作为策划和实施的营销元素，因为良好形象是永恒的话题和热点。另外，围绕社会热点策划营销事件，可以吸引媒体成为新闻素材，事件营销也是一种方式。成为老百姓的关注焦点，利用网络热词和社会焦点开展企业发展与社会发展相辅相成，企业回馈社会、履行社会责任的同时也是一个宣传企业文化，提升企业品牌知名度的过程。"物品置换"是前段时间媒体热炒的概念，以小搏大，新奇而刺激的方式勾起公众的好奇心，用这个方式策划事件营销，自然也会成为大众的焦点。

微信平台的推出为事件营销又提供一个辅助的平台。微信营销与事件营销的合理结合，也将成为企业营销阵营的一把利器。事件营销与媒体密不可分，要注意适时引入媒体的力量，吸引媒体的关注和介入。

（二）口碑营销

是指以用户及用户周边的社交网络为传播媒介，通过群体间的交流，将企业产品信息和品牌进行宣传推广，口碑营销强调口碑传播，转化率高、信任度高。企业实际进行口碑营销过程中，一般运用一定手段，引起用户对产品、品牌、服务进行沟通交流，推动用户向其社交网络和周边人群介绍和推荐。口碑营销具体操作时，需要与论坛、微博、微信、新闻等平台结合，微信营销所特有的社交平台与口碑营销方式结合无疑可以成为企业营销的法宝。

进行口碑营销要从用户心理需求出发，可以把新奇有趣的事件，引发关注后利用用户的分享心理在平台上做分享和扩散。制造有趣和易于传播的故事，让用户乐于倾听、乐于传播。此外，优惠和折扣等活动直接触动用户的利益，"利诱"也是引发口碑效应的一个手段。微信平台拓展了社交的空间，可以通过"摇一摇""查看附近的人"等功能与陌生人建立联系，采用"情感共鸣"的方式可以引起用户的内心共鸣，形成与陌生人的亲密感，从而产生口碑效应。

三、微信营销与品牌运营

品牌运营其实就是企业以品牌效应为产品宣传和推广的工具，目的是扩大市场占有率，取得经济效益和社会效益。品牌运作通常把社会效益放在首位，经济效益放在其后，有些企业以品牌为名举办公益性、社会性活动。品牌运作方式多样，但最终还是要回归到企业的经济效益，区别仅仅是短期利益还是长期利益。

"金钱"和"市场"何为第一位，是判断一个企业是否成熟的尺度。品牌运营得当，可以起到以一当十的作用。品牌的发展都是需要企业耗费精力进行品牌扩张经营的。微信公众平台应着重展现企业品牌，以品牌推广为重点，有些企业在微信二维码中植入品牌标志的方式就是品牌推广的简单形式。目前，微信以品牌的一对多为主要对话方式，但是随着微信产业链的不断延伸，大数据时代的到来，基于品牌下的用户间开展对话也将成为一种可能，这类似 Qzone 的品牌部落。

（一）微信营销与品牌运营

如何进行品牌运营，塑造企业形象，打造企业平台，提高企业知名度是企业生存发展期间必须重点考虑的问题。微信平台为企业成功进行品牌运营提供了机会，能够有效利用微信营销平台的企业很有可能实现品牌的快速扩张、企业的快速发展、市场的迅速覆盖。微信账户的拥护者或者说用户数量是微信平台能否利用好的关键，也是如何做好品牌推广和运营的关键，如何提升粉丝数量并确保粉丝质量是企业要考虑的首要问题。

（二）微信营销与危机公关

在微信这种具有 5 亿用户群落的新媒体中。企业可以组建自己的社交媒体团队来处理危机公关，由高管负责团队运营，由微信营销部门和公关部门共同协作，由整个团队来应对用户提出的问题、投诉。这个团队要时刻关注着有关企业的负面信息，对于企业负面的信息能够进行及时的处理。通过系统的组织、规范化的操作来应对危机的方式符合危机公关 5S 原则的系统运行原则。与客户真诚沟通（诚意、诚恳、诚实）是进行客户服务的基础，也是处理危机的基本原则。根据危机公关 5S 原则中的真诚沟通原则，企业应主动与主流媒体联系，第一时间与消费者沟通，澄清事实，消除疑虑。根据公关危机 5S 原则的速度第一原则，企业应时刻关注负面信息，及时消除负面影响，防止负面信息不断扩散，增加企业损失。公司果断出击，反应迅速，主动与媒体和公众沟通，尽快控制事态，这是处理危机的关键。根据危机公关 5S 原则中的承担责任原则，企业应当以负责任的心态站出来解决负面信息，让公众看到企业积极的态度。根据危机公关 5S 原则的权威证实原则，企业通过微信公众平台和拥护者积极传播的方式澄清负面信息，解决问题，最终获得公众的理解和信任。信息经济时代，危机公关与微信、微博等信息平台如何有效结合，发挥效力，对于企业品牌运营来说是一个新的课题。

参考文献

[1] 张新华. 新编 21 世纪新闻传播学系列教材 数字出版营销 [M]. 北京：中国人民大学出版社，2022.

[2] 黄河，刘琳琳. 新编 21 世纪远程教育精品教材 新闻与传播学系列 新媒体实务 第 2 版 [M]. 北京：中国人民大学出版社，2021.

[3] 申启武，牛存有. 传媒蓝皮书 中国音频传媒发展研究报告 2021 [M]. 北京：社会科学文献出版社，2021.

[4] 楚明钦. 媒介经营与管理 [M]. 北京：中国传媒大学出版社，2020.

[5] 司占军，贾兆阳. 数字媒体技术 [M]. 北京：中国轻工业出版社，2020.

[6] 李长宁，李杰. 新媒体健康传播 [M]. 北京：中国协和医科大学出版社，2019.

[7] 沈国麟. 网络与新媒体传播核心教材系列 互联网与全球传播 理论与案例 [M]. 上海：复旦大学出版社，2018.

[8] 李春雨. 会议新闻传播活动论 [M]. 北京：国家图书馆出版社，2020.

[9] 白传之，马池珠. 电视媒体融合创意论 [M]. 济南：山东人民出版社，2020.

[10] 金梦玉. 融媒体时代下的传媒教育 [M]. 北京：中国广播电视出版社，2014.

[11] 张淑华. 云生活与后媒体时代的舆论场重构 [M]. 郑州：河南医科大学出版社，2016.

[12] 董小菲. 融合时代的新闻编辑 [M]. 济南：山东人民出版社，2016.

[13] 项勇，王文科. 媒体融合的探索与实践 [M]. 北京：中国广播电视出版社，2015.

[14] 王恩强. 融媒体时代的县级基层广电实践 [M]. 北京：中国广播影视出版社，2017.

[15] 余秀才. 众媒时代的传播转向 [M]. 武汉：华中科技大学出版社，2017.

[16] 夏晓鸣，夏颖，杨婷. 营销传播经营实务 [M]. 武汉：武汉大学出版社，2012.

[17] 易圣华. 新闻公关营销实战 [M]. 北京：机械工业出版社，2013.

[18] 朱吉亮，赵丽萍，李冉. 新闻信息传播与营销创意策划 [M]. 北京：中国

戏剧出版社，2013.

[19] 李凌. 企业新闻传播与营销策划 ［M］. 南京：南京大学出版社，2018.

[20] 张聪. 融合与发展 数据时代的新闻与传播 ［M］. 北京：知识产权出版
社，2019.